一本书读懂无人驾驶

杨宽　陆盛赟　编著

化学工业出版社

·北京·

内容简介

本书按照无人驾驶的发展时间顺序,详细介绍了无人驾驶前世、孕育、成长、爆发和未来五个阶段的核心技术发展,以及有关无人驾驶市场、商业模式、生态等商业应用情况。

本书尽可能地囊括无人驾驶的核心知识点,既包括激光雷达、高精地图、ADAS、整车电子电气架构、人工智能芯片、域控制器、深度学习算法、线控底盘、车联网、智能座舱等知识;也包括无人驾驶的全球政策、商业落地场景以及面临的主要挑战。

由于无人驾驶涉及很多专业的理论知识,本书会对核心技术进行深入介绍。为方便读者理解和参考,每一章节的开头都列出了知识点,每一小节都标注了阅读难度。

结合无人驾驶,本书也对人工智能、5G、芯片、大数据、北斗卫星、云计算等当前热点技术进行了简要介绍,语言通俗易懂,兼具趣味性和前瞻性。

本书为无人驾驶的硬核科普,可供汽车相关专业师生、技术工程师、立志于职业升级转型的企业中层、作决策规划的企业高层、相关行业分析师阅读参考,也可供广大汽车科技爱好者阅读。

图书在版编目(CIP)数据

一本书读懂无人驾驶 / 杨宽,陆盛赟编著. —北京:化学工业出版社,2021.10(2025.4重印)
ISBN 978-7-122-39540-5

Ⅰ. ①一… Ⅱ. ①杨… ②陆… Ⅲ. ①无人驾驶-普及读物 Ⅳ. ①U284.48-49

中国版本图书馆 CIP 数据核字(2021)第 138488 号

责任编辑:曾 越　　　文字编辑:朱丽莉　陈小滔　　　美术编辑:王晓宇
责任校对:宋 玮　　　装帧设计:水长流文化

出版发行:化学工业出版社(北京市东城区青年湖南街 13 号　邮政编码 100011)
印　　装:涿州市般润文化传播有限公司
710mm×1000mm　1/16　印张 14　字数 267 千字　2025 年 4 月北京第 1 版第 3 次印刷

购书咨询:010-64518888　　　　　　　　　　　　售后服务:010-64518899
网　　址:http://www.cip.com.cn

凡购买本书,如有缺损质量问题,本社销售中心负责调换。

定　　价:88.00 元　　　　　　　　　　　　　　　版权所有　违者必究

新一轮的科技革命正在使汽车技术发生颠覆性变革。其中,以人工智能、大数据和云计算等为核心驱动力的无人驾驶汽车技术,无疑是最引人注目的。

该书用清新简练、通俗易懂的文字,将无人驾驶技术的发展历程娓娓道来,而且其中对全球范围内无人驾驶技术的重要发展路径、关键部件和核心技术、商业化多元模式,以及未来的挑战和机遇都有独到的阐述和见解。

学习历史总是可以给人以启迪。我相信,这本书将使每一位读者受益,无论他是从事技术开发、行业咨询、商业企划还是教育培训。

张立军
同济大学汽车学院院长

全球汽车行业在经历彻底的变革,在欧洲,无人驾驶也已经遍地开花。

作为欧洲顶尖的汽车工程师学校之一,IFP(Institut Franaisde Pétrole)致力于推动包括混合动力、电动化、车联网以及无人驾驶在内的全球可持续移动领域的发展。

非常开心看到我们的中国校友撰写了这本书,这在行业里面是十分难得、及时的。这本书以国际化视角,同时结合前瞻技术和商业价值,对无人驾驶汽车进行全面论述。

我强烈推荐这本书给每一位中国朋友,我相信它能够给那些立志于在无人驾驶领域深耕的行业人士、正在学习无人驾驶的学生、还有热爱汽车科技的消费者更多的知识和启发。

欧菲木兰 博士
法国IFP学校电动/网联/自动驾驶首席教授

自序一

守得云开见月明

作为一个传统的汽车人,在这个行业已经摸爬滚打了近十年,在这十年间,我很吃惊也很幸运,亲身经历了行业两次彻彻底底的变革。

2016年前后,节能减排愈加紧迫,电池技术进步明显,产业政策强力推动,三者同时发力,几乎是"一夜之间",汽车全面向电动化转型。时至今日,欧美等国纷纷加速电动化转型,再一次验证了十多年前我国发展新能源汽车的前瞻性。

没想到电动化仅仅只是引燃点,才过了几年,与汽车并行发展的人工智能、大数据、5G、云计算等新兴技术崛起,它们在汽车上相融对接,使汽车最终走向了智能化。

电动化和智能化形成合力,让这场汽车变革发展之迅速、来势之凶猛,远远超出了汽车人的预期。

传统汽车人时时刻刻都在感受这场变革的巨大冲击,新知识不断涌现,未来愈加不确定,跨界竞争者也越来越多,有时候让我感觉到焦虑,甚至是无所适从。

在多变的环境下,保持深度思考和持续学习,才是提高个人竞争力最底层也是最核心的能力。

和化学工业出版社合作的这本书,就是基于汽车智能化,不断深度思考和持续学习的一次沉淀和提升。

期待这本书能够给读者带来知识和思考。更重要的是,我们一起和时间做朋友,相信积累的力量,在行业最好的十年,一定会在这条新的赛道上有所作为。

很有幸邀请到了多年的好友,也是我在同济大学和法国IFP学校的校友陆盛赟师兄负责本书商业部分的撰写。盛赟是这个行业的翘楚,他在汽车行业丰富的经验和独到的见解,一定能够让读者读有所获。

最后,关于本书的书名或者关键字,是采用主流的"自动驾驶"还是较为陌生的"无人驾驶"。或许在未来的十年或者更长时间,我们永远都处于人机共架的自动驾驶阶段,但我依然愿意采用无人驾驶,也代表了汽车人对未来的憧憬和期待。

杨宽

致一路上对汽车行业不离不弃的同伴们

虽然此书写于2020年的新冠疫情期间，但是与杨宽合写一本书的想法要追溯到很多年前。当时我们还是法国IFP School（法国石油与发动机学校）的校友，在学校主修热力学发动机专业。与其他留学法国的中国学生一样，我们希望在毕业后进入法国顶尖的车企或者供应商工作，从而更好地将学校里的理论知识与企业实践相结合。

自身的勤奋和天助人愿，我们最后都进入了PSA法国标致雪铁龙集团（现已更名为Stellantis）。随着进入集团的中国留学生越来越多，我们有了一个不成熟的想法，在法国创立一个属于中国汽车人的团体，更好地将国外先进技术与国内汽车产业需求进行对接。

有了想法还不够，仍需要落地。当时在欧洲，很流行现在我们所倡导的"知识共享"，在法国我们称其为"Conference"。为了表现专业性且给大家留下"印象"，我们一致认为：需要"内容+载体"，我们当时提议的是杂志，这也是这本书的起源和雏形。

在那之后，杨宽回到中国标致雪铁龙发展，而我在欧洲加入了一家顶级的咨询公司罗兰贝格，专门服务于汽车行业。出于各种原因，汽车人团体最终未能在欧洲落地。但杨宽回国后，积极践行着之前的想法。他有自己的公众号"汽车人参考"，在技术领域默默耕耘了近十年。而我也在加入罗兰贝格之后，在咨询行业摸爬滚打了近十年。时间一晃，他已经在技术的道路上积累颇丰，而我则走上了战略咨询和商业分析的道路。

2019年底，杨宽和我提到此书的时候，我就一口答应了。我知道，我们在各自领域、技能上的互补，能给这本书的读者带来更宽的知识面。如同查理芒格老先生所言："一个在商业上成功的人，需要有跨学科的能力；更需要有多元化的思维模型。"仅以此书献给那些还对汽车行业不离不弃的同行们，希望这个行业前程似锦。

最后，要感谢对此书做出贡献的朋友们，包括：王艳、牛浃宇和陈嫒嫒。

陆盛赟

第1章 无人驾驶的前世（2000年以前）

本章知识点： 汽车电子、历史发展、人工智能介绍

1.1 汽车电子概述 002
  1.1.1 从汽车诞生，到汽车电子的大行其道（★） 002
  1.1.2 汽车电子基础，系统虽复杂，但原理很简单（★★） 005
  1.1.3 汽车电子，连接无人驾驶核心要素（★★★） 006

1.2 无人驾驶的最初形态，无数第一 008
  1.2.1 无人驾驶的诞生，始于无线电（★） 008
  1.2.2 汽车与道路开始第一次连接（★） 010
  1.2.3 机器视觉和传感技术第一次融入汽车（★） 012
  1.2.4 "霹雳游侠"，无人驾驶第一次家喻户晓（★） 014

1.3 达特茅斯会议，人工智能伴随无人驾驶开始萌芽（★） 016

1.4 无人驾驶在中国埋下第一颗种子（★） 018

1.5 无人驾驶先驱，"汽车之眼"Mobileye成立于世纪之交（★） 020

★：阅读难度简单   ★★：阅读难度适中   ★★★：阅读难度较难

无人驾驶的孕育（2000—2009年）

本章知识点： 摄像头、毫米波雷达、激光雷达、超声波雷达、标准体系、技术路线、全球政策、机器学习、深度学习

2.1 从无人车挑战赛说起——DARPA（★） 023

2.2 无人驾驶的"眼睛" 025
  2.2.1 摄像头＋雷达，无人驾驶汽车的"眼睛"初探秘（★★） 026
  2.2.2 与人眼最为相似的摄像头（★★★） 030
  2.2.3 激光雷达全面分析：最大优势，四大系统，五大技术（★★★） ... 036
  2.2.4 独具特色的毫米波雷达（★★★） 043
  2.2.5 超声波雷达，从自动泊车到自主泊车（★★） 046

2.3 全球各国开始布局无人驾驶 048
  2.3.1 中国无人驾驶标准体系（★） 049
  2.3.2 解析中国无人驾驶技术路线图（★★） 054
  2.3.3 美国无人驾驶发展战略、指南和立法（★） 058
  2.3.4 全球部分国家无人驾驶相关政策探索（★） 061

2.4 从机器学习到深度学习，人工智能逐步走向应用（★★★） 064

2.5 无人驾驶的初期尝试 068
  2.5.1 谷歌无人车项目秘密成立（★） 068
  2.5.2 中国开启智能车未来挑战赛（★） 071

无人驾驶的成长（2010—2015年）

本章知识点： SAE分级、ADAS、人工智能框架、芯片、算法、大数据、商业场景、北斗卫星导航系统

3.1 谷歌三代无人车惊艳全球（★） 075

3.2 无人驾驶汽车的分级，一步一个脚印（★） 077

3.3 无人驾驶汽车的过渡ADAS 080
  3.3.1 ADAS的工作原理和功能分类（★） 080
  3.3.2 典型ADAS介绍，AEB的"喜"与"忧"（★★） 081

3.4 无人驾驶"大脑"更加成熟——人工智能崛起 ... 084
3.4.1 人工智能的理论框架——三大主义（★★） ... 084
3.4.2 人工智能四大要素，赋能无人驾驶（★） ... 087

3.5 支撑无人驾驶的算力——芯片 ... 091
3.5.1 芯片的基础知识，从半导体说起（★） ... 091
3.5.2 芯片的主要工序，极其复杂（★★★） ... 094
3.5.3 无人驾驶汽车的芯片（★★） ... 100

3.6 实现无人驾驶的根本途径——算法 ... 106
3.6.1 算法的基础知识，本质是数学（★★） ... 107
3.6.2 算法在无人驾驶汽车的应用，以百度Apollo为例（★★★） ... 109
3.6.3 无人驾驶汽车典型算法，CNN和RNN（★★★） ... 116

3.7 大数据，无人驾驶的"金矿" ... 120
3.7.1 大数据的基础知识，隐私是最大的挑战（★） ... 120
3.7.2 大数据在无人驾驶汽车的应用（★） ... 124

3.8 无人驾驶的场景 ... 127
3.8.1 没有场景，无人驾驶无从谈起（★★） ... 127
3.8.2 无人驾驶汽车的七大商业应用场景（★） ... 130

3.9 无人驾驶的导航 ... 134
3.9.1 全球卫星导航系统，不可或缺的中国"北斗"（★） ... 134
3.9.2 GNSS在无人驾驶汽车的应用（★★） ... 136

第4章 无人驾驶的爆发（2016—2021年）

本章知识点： 蒙特卡洛树搜索、5G、车联网、高精地图、电子电气架构、域控制器、软件定义汽车、智能座舱、车载操作系统、路测、OTA、线控底盘

4.1 爆发的前夜，AlphaGo大胜李世石（★★） ... 139

4.2 5G加速，无人驾驶生逢其时 ... 142
4.2.1 5G基础：十年千倍，五大特点（★★★） ... 143
4.2.2 5G助力无人驾驶汽车（★★） ... 147

4.3 汽车进入互联时代——车联网 150
 4.3.1 弯道超车，实现交通强国的必由之路（★★）..................150
 4.3.2 单车智能和车路协同之争（★）..................154

4.4 高精地图，实现厘米级定位（★）..................156

4.5 电子电气架构剧变，软件定义汽车成新时尚（★★★）..................160

4.6 智能座舱的新风口（★★）..................164

4.7 "缺芯少魂"，操作系统也被卡脖子（★★★）..................167

4.8 爆发的标志：无人驾驶大规模路测 170
 4.8.1 加州路测报告，全球无人驾驶的"江湖排名"（★）..................171
 4.8.2 百度领衔，北京打造中国无人驾驶路测的圣地（★）..................172
 4.8.3 城市先导区建设和智慧高速试点"如火如荼"（★）..................174

4.9 汽车OTA，让软件定义汽车成为现实（★★）..................177

4.10 面向无人驾驶的线控底盘技术（★★）..................179

4.11 一文梳理无人驾驶的核心技术（★）..................181

第5章 无人驾驶的商业应用

本章知识点：市场、生态、商业模式

5.1 以色列史上最大投资，英特尔巨资收购Mobileye（★）..................184

5.2 无人驾驶的市场 185
 5.2.1 无人驾驶"钱景"广阔（★）..................185
 5.2.2 无人驾驶倒逼企业变革（★）..................187
 5.2.3 无人驾驶打造全新产业生态（★★）..................188

5.3 无人驾驶的商业模式 190
 5.3.1 无人驾驶的"强本地化属性"（★）..................191
 5.3.2 无人驾驶盈利？依然遥遥无期（★）..................193
 5.3.3 打破无人驾驶盈利"痛点"（★）..................194

无人驾驶的挑战和未来（2022—2030年）

本章知识点：主要挑战、智慧城市、未来展望

6.1 无人驾驶，挑战无处不在 197
    6.1.1 事故频发，无人驾驶真的安全吗？（★） 197
    6.1.2 无人驾驶的隐私和数据，黑客就在你我身边（★） 199
    6.1.3 无人驾驶交通事故，责任如何归属（★） 199
    6.1.4 无人驾驶重塑车险行业（★★） 201
    6.1.5 危急关头，该牺牲谁？（★★） 202
    6.1.6 蛋糕如何瓜分，无人驾驶商业模式的界定（★） 204
    6.1.7 无人驾驶，期待而又迷茫的消费者（★） 205

6.2 畅想未来，无人驾驶汽车与智慧城市的共舞（★） 206

6.3 汽车有人到无人，人工智能会取代人类吗？（★） 207

6.4 智慧城市，无人驾驶的一天（★） 208

附录：无人驾驶发展时间线及大事记 210

参考文献 214

第 1 章

无人驾驶的前世

（2000年以前）

本章知识点

汽车电子、历史发展、人工智能介绍

1.1 汽车电子概述

招手即停的无人车，舒适安全的空间，"懂我"的移动伙伴，自汽车诞生以来，无人驾驶便成为人们孜孜追求的宏伟目标。

如果对其追本溯源，还得回到百年前的汽车电子，无人驾驶的故事要从那里讲起。

1.1.1 从汽车诞生，到汽车电子的大行其道

本节阅读难度：★

意大利物理学家亚历山德罗·伏特（Anastasio Volta）在1796年发明蓄电池时，并不知道自己为现代汽车电子技术奠定了最初的基础，而他的发明比全球第一辆商用化汽车诞生（1886年）整整早了90年。

不过在19世纪末期汽车刚刚诞生时，并不需要蓄电池，因为当时汽车上的设备不需要电力。而当时汽车的启动需要通过手摇动曲柄，才能让发动机开始工作，如图1.1所示。

图1.1 手摇启动汽车

直到1912年，美国凯迪拉克汽车使用了起动机，采用蓄电池加起动机的方式来启动汽车，使汽车在操作性上有了明显的改善。

蓄电池同时也可以为车灯和喇叭供电，可以说这是电气系统第一次真正应用在汽车上。

1927年，德国博世公司开发出了汽车用的铅酸电池，从此汽车上的电子设备有了可靠的电力来源。

到了20世纪50年代初，一些简单的汽车电子装置开始逐步替代汽车上的机械部件，最典型的例子就是晶体管收音机的发明，逐步成了当时汽车的标配。

在20世纪60年代初期，电子元器件硅二极管整流器和晶体管电压调节器，让交流发电机开始替代原来车上使用的直流发电机。

紧接着到1966年，美国加州（加利福尼亚州）颁布了世界上第一个汽车排放法规，1971年美国清洁空气法规更是要求大幅度降低汽车废气有害污染物排放，而在当时世界范围内又出现了能源危机。

仅靠机械部件，汽车难以满足严苛的排放法规和节能需求，而这时大规模集成电路快速发展，让汽车电子有了真正的用武之地。

最先是微处理器在汽车发动机中的使用（图1.2），发动机定时点火控制系统，能精确控制发动机点火时刻，提高了发动机燃烧效率和输出功率，大大节省了燃油。

图1.2　发动机控制系统

而电控燃油喷射系统，能控制发动机的空燃比，是降低汽车排放最有效的技术措施。1970年以后，美国要求在汽车上强制安装发动机电控喷射系统，日本和欧洲也在之后跟进。

微处理器在发动机上的应用，使汽车性能发生了重大改变，汽车电子控制技术也初步形成。

微处理器

微处理器，英文名称为micro controller unit（MCU），也称为微控制器，一般将一片或少数几片超大规模集成电路（中央处理器CPU）集成在一个半导体芯片上，可以实现读取指令、执行指令，以及与外界存储器和逻辑部件交换信息等操作。

微处理器出现的历史并不长，但是发展非常迅速，微处理器是微型计算机的核心部件，也是各种数字化智能设备的关键部件，目前广泛应用在消费电子、工业和汽车电子领域。

到了20世纪80年代，微处理器的应用已经深入到生活的各个领域，汽车电子控制技术也趋向成熟。如自动变速箱控制系统，能改善换挡的平稳性，使汽车油耗大幅降低；牵引力控制系统，能帮助汽车在光滑的道路表面加速；制动防抱死系统，能保证汽车在恶劣驾驶条件下制动；电子控制悬架系统，可以改善汽车的舒适性和操作性；而电子控制的安全气囊，也成为了汽车的标配。

在车内，逐步配备了电控座椅、电控后视镜、车窗、仪表系统、电控空调等，都大大改善了汽车的舒适性和方便性。

到了20世纪90年代，微型计算机技术取得了巨大进步，其计算速度提高，体积变小，价格也变得非常便宜，推动汽车电子技术朝着集成化、主动化的方向发展。如汽车电子稳定控制系统（Electronic Stability Control，ESC），是汽车防抱死制动系统和牵引力控制系统功能上的扩展和集成（图1.3）。ESC通过车上的各种传感器，能监控车辆状态，通过发动机及制动系统对汽车进行纵向和横向稳定性控制，实现汽车主动安全。

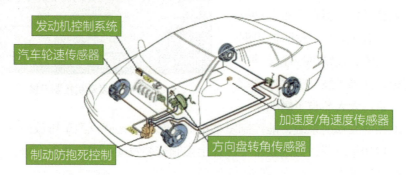

图1.3　汽车电子稳定控制系统

由于汽车上电子控制装置越来越多，车上的线束变得非常粗大，为了减少导线数量，控制器局域网（Controller Area Network，CAN）总线技术得到发展。

总线将各种汽车电子装置连接成为一个网络，在这个网络中，各种控制装置独立运行，同时还可以通过网络为其他控制装置提供数据服务。

从发展历程可以看到自20世纪50年代开始，汽车电子技术几乎每十年上一个台阶（图1.4），使得汽车在安全性、动力性、经济性、舒适性、环保性上得到极大的提升和改善。

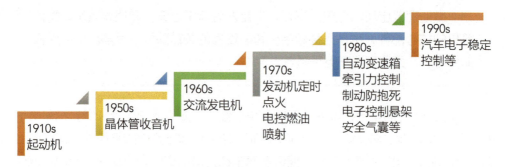

图1.4　汽车电子技术发展历程

目前，汽车上安装的电子设备越来越多，电子系统越来越复杂，汽车电子产品平均成本已经接近汽车制造成本的50%，而同时，汽车上约70%的创新都来自汽车电子。

随着这几年人工智能、5G、云计算的应用，汽车电子进一步朝着智能化、网络化、多媒体方向发展，整车电子电气架构从分布式向集中式演进，开始模拟人的思维和行为对汽车进行控制,从辅助驾驶、自动驾驶,最终发展成为无人驾驶。

无人驾驶就是伴随汽车电子不断发展而来的,可以将无人驾驶看成是汽车电子的终极目标,而大大小小的汽车电子元器件和控制软件,构成了无人驾驶的基础。

1.1.2 汽车电子基础,系统虽复杂,但原理很简单　　本节阅读难度:★★

在深入了解无人驾驶之前,有必要对汽车电子的组成和基本原理进行介绍。

(1) 什么是汽车电子?

汽车电子,是汽车电子控制装置和车载电子装置的总称。

汽车电子控制装置,一般与汽车上机械系统配合,与汽车的行驶直接相关,主要包含了发动机电子(如蓄电池、点火系统等)、底盘电子(如制动辅助电机、电子减震器等)、车身电子(如照明系统、电子开关等)和驾驶辅助(如激光雷达、AI芯片等)四大系统。

而车载电子装置,在汽车环境下能够独立运行,和汽车的行驶性能无直接关系,主要包含了安全舒适(如安全气囊、空调系统等)、信息娱乐与网联(如中控显示屏、以太网等)两大系统。

如图1.5所示为汽车电子的应用分类。六大系统中,以驾驶辅助和信息娱乐与网联技术迭代最为迅速,也是实现无人驾驶的主要发展方向和技术突破口。

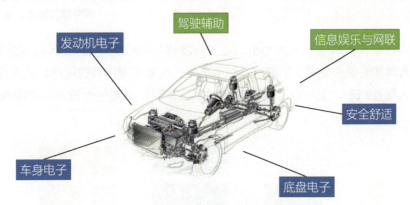

图1.5　汽车电子的应用分类

汽车电子产业链也可以分为三个层级,上游为电子元器件,中游为系统集成,下游为整车制造。

上游厂商主要提供汽车电子相关的芯片以及封装测试服务,中游厂商主要进行汽车电子模块化功能设计、生产以及销售,下游厂商则为主要客户整车厂。

（2）汽车电子的基本原理

在汽车电子六大系统中，零部件很多，系统很复杂，但是其核心都是半导体器件，进一步说，每一个零件都属于一个电子控制系统或者其中一部分。

图1.6　汽车电子的基本原理

从原理上来讲，任何一种电子控制系统，都是由传感器、控制器和执行器三部分组成的，如图1.6所示。

传感器，相当于汽车的"耳朵和眼睛"，它能感知周围环境信息，并结合自身的工况和状态，将信息输送给控制器，如汽车上的轮速传感器，用于获得汽车速度信息。

控制器，相当于汽车的"大脑"，接收传感器输入的信号，进行综合分析和处理，并向执行器输出控制信号，控制器一般是由芯片以及软件算法组成，如汽车上的发动机控制系统，管理发动机输出的转矩。

执行器，相当于汽车的"躯干和四肢"，对控制信号作出迅速反应，实现对被控对象的控制，一般是机电结合的零件，如汽车的制动系统、转向系统等。

汽车上大大小小的电子部件或子系统，小到汽车喇叭，大到汽车标配制动防抱死系统，再到无人驾驶激光雷达等，经过不断的技术更新升级，功能和系统更加复杂和集成，但是其基本原理是一样的。

1.1.3　汽车电子，连接无人驾驶核心要素　本节阅读难度：★★★

无人驾驶，本质上是大大小小的电子元器件与相应软件的集成体，它们都是组成无人驾驶的核心要素，了解这些核心要素，有助于更加系统地理解无人驾驶。

无人驾驶汽车，又可以称为"智能网联汽车"，主要包含智能和网联两个核心层级（图1.7）。

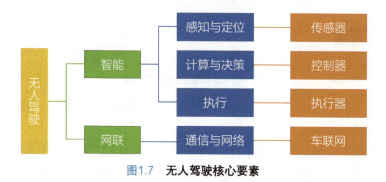

图1.7　无人驾驶核心要素

智能层包含了感知与定位、计算与决策、执行三个要素，与汽车电子中的传感器—控制器—执行器逻辑关系是一致的。

网联层主要包含通信与网络技术要素，即实现车联网。

（1）感知与定位

感知与定位，指的是汽车利用传感器检测周围环境，同时获取环境信息和汽车位置、姿态等车辆状态信息。

环境信息主要包括道路形状、方向、曲率、坡度、交通标志、信号灯，其他车辆、行人、物体的位置、大小、前进方向和速度，等等。

车辆状态信息主要包括车辆的前进速度、加速度、转向角度、车身位置及姿态等。

环境信息和车辆状态信息的获取都是通过多种传感器（雷达、摄像头、惯性传感器等）与高精地图相互融合实现的。

（2）计算与决策

计算与决策主要包含了汽车的路径规划和行为决策两个部分。

① 路径规划，即为汽车规划合理的行驶路线。在已知全局地图的情况下，从当前位置规划出到目的地的路径，称为全局规划；或者根据环境信息，通过换道、转弯、躲避障碍物等，规划出一条安全、平顺的行驶路径，称为局部规划。

② 行为决策指的是基于规划出的路径，决定汽车下一步的驾驶行为。主要可以分解为车道保持、车辆跟随、车道变换、紧急制动四种行为。

实现计算与决策的本质，实际上是人工智能，其包含了芯片和相关算法等。

（3）执行

根据行为决策，汽车的动力、转向、制动、灯光等系统，实现汽车的加减速、转向、制动等动作。

（4）通信与网络

实现无人驾驶，还需要进行"万物"互联，即实现车联网，场景如图1.8所示。

图1.8　车联网场景

按照约定的通信协议和数据交互标准,实现驾驶员、车、行人、道路、车联网平台、城市网络的无线通信和信息交换。

车联网可以分为车内网、车际网和车云网三个层次,最终实现三网互联。

① 车内网,是指通过CAN总线或者以太网技术建立标准化的整车内网络。

② 车际网,是指基于特定无线局域网络的动态网络。

③ 车云网,又称为车载移动互联网,是指车载单元通过5G等通信技术与互联网进行无线连接。

本书在之后的章节中,按照以上的逻辑,结合人工智能、5G、大数据、北斗卫星导航系统等当前热点,一一为读者详细介绍每一个核心要素。

1.2 无人驾驶的最初形态,无数第一

新生事物的出现都不是独立发展起来的,往往伴随着新兴技术的逐步进步,无人驾驶也是如此。

无论是现实世界中大量学者的不断尝试,还是科幻小说和电影中人们的无限畅想,都为无人驾驶的最初发展打下了坚实的基础。

本节基于历史,从不同角度去解读无人驾驶最初的发展形态。

1.2.1 无人驾驶的诞生,始于无线电

本节阅读难度:★

无人驾驶的萌芽最初得益于无线电技术的发展,在18世纪末和19世纪初期,无线电技术开始成熟,并得到了大规模应用。由于无线电在长距离信号传输方面的优势,工程师开始尝试利用无线电来控制小型移动工具。

> **无线电**
>
> 无线电,是电磁波的一种,可以在空气和真空中传播,根据电磁波理论,导体中电流强弱的改变会产生无线电波。
>
> 通过调制将信息加载于无线电波上,当电波到达接收端时,电波引起的电磁场变化会在导体中产生电流,通过解调将信息从电流变化中提取出来,就达到了信息传递的目的。

最早的应用出现在第一次世界大战期间,军队使用无线电控制小型车辆来运

送和引爆火药。比较经典的例子是美国无线电控制专家小约翰·哈蒙德（John Hammond Jr.）和本杰明·密斯纳（Benjamin Miessner）在1912年设计的一款自动引导小车。

这款小车由一个电子回路和一对光电管构成，而且它拥有一个非常凶悍的名字——战争狗，如图1.9所示。

除了运用无线电控制，战争狗的亮点在于电子回路可以根据光强信号来自动控制小车转向。

夜晚，战争狗背着火药潜伏在敌人防线上，当敌人打开探照灯时，小车能迅速朝探照灯移动过去，将火药送到毫无戒备的敌人那里。

图1.9 自动引导小车"战争狗"

虽然战争狗的设计相对较粗糙，但已经体现出了自动控制的特点，这给之后真正无线电控制汽车的发展提供了思路。

由于无线电信号容易受到干扰，且容易串线，无线电控制汽车一般有一个操作员，操作员会跟随汽车发送指令，同时也可以实时监控和处置汽车可能遇到的情况。

1925年，美国无线电设备公司Houdina Radio Control的创始人，美国陆军工程师Francis P. Houdina向世人展示了一款"无线遥控玩具车"，之所以称为"玩具车"，因为这辆车是被其后跟随的一辆车控制的，就像遥控玩具一样。

被控的车辆上安装有无线电接收器，并配备了一台小型电动机。Houdina坐在后方一辆装无线电发射器的汽车上，通过无线电按键，给第一辆汽车发送信号，无线电信号控制第一辆车的电动机，电动机引导着汽车运动。

当时汽车控制的范围可以达到5英里（8公里左右）。

这辆车被命名为"Linrrican Wonder"，也称为"American Wonder"（美国奇迹）。当它第一次在纽约街道上展示时，当天正好赶上一个示威游行，如图1.10所示。

图1.10 世界第一辆无人驾驶汽车"美国奇迹"

当Houdina操纵着两辆汽车，从百老汇到第五大道，穿过拥挤的街道时，场面一定十分壮观，可以想象到公众惊讶和好奇的表情。

虽然"美国奇迹"不是由车载计算机进行操作的，但是它被公认为是世界上的第一辆全功能无人驾驶汽车。

1.2.2 汽车与道路开始第一次连接

本节阅读难度：★

1939年，在美国纽约皇后区的世界博览会上，"年轻的"通用汽车向世人展示了一个名为"未来世界"的作品，一个自动化的高速公路。

这个作品以美国一个典型城镇为背景，构建了一个未来世界的沙盘模型。参观者坐在移动座椅上，随着椅子的移动，用18分钟时间来全方位欣赏沙盘里的城市、农场、郊区、机场等景观，

图1.11　1939年世界博览会上公众参观"未来世界"

而将这些景观连接起来的，就是"自动化高速公路"。在参观过程中，还能听到一段解说录音，如图1.11所示。

在解说中，通用汽车极力向公众传递一个信息，到1960年的时候，自动化高速公路能使汽车驾驶解放双手和解放双脚，安全而便捷。

通用汽车的"未来世界"是1939年世界博览会最成功的作品之一。据悉，该作品吸引了数百万人参观，曾在一天里有2.8万人排队参观，排队队伍绵延达2公里。而展出结束后，有一半以上的美国民众都沉醉于自动化高速公路的未来世界中。

为何自动化高速公路如此吸引人？

主要在于，那个时候人们渴望汽车带来的隐私性以及极大的出行便利，因为当时汽车还是奢侈品，只有富人才能买得起，而大部分普通民众平时需要排队乘坐公共汽车，需要忍受拥挤和不便；再加上当时美国城际公路网还未建立起来，公众对汽车这个新生事物的驾驶安全性存疑，而自动化高速公路，恰好能弥补这两种汽车出行的"痛点"。

当时的通用汽车不仅仅是好的宣传家，更是实践者。

虽然世界博览会结束后不到两年，美国就加入了第二次世界大战（后面简称

"二战"），通用汽车也将精力从建造自动化高速公路转向制造坦克、飞机等，使得自动化高速公路项目几乎停滞。

不过二战后，美国经济取得了空前繁荣，成千上万的民众购买了人生中的第一辆车。1956年，美国联邦政府通过了《联邦高速公路法案》，开启了数十年的高速公路建设狂潮，这再次点燃了民众对自动化高速公路的热情。图1.12所示为广告畅想一家人可以面对面坐在汽车后座上，围着一个桌子玩多米诺骨牌游戏的场景。

图1.12 "未来无人驾驶汽车"广告创意
（图片来源：20世纪50年代《星期六晚报》）

通用汽车开始与美国无线电公司合作，继续自动化高速公路的研发。20世纪50年代，甚至开始了汽车在自动化高速公路上的测试（图1.13）。

图1.13 通用汽车与美国无线电公司自动化高速公路测试

它们结合当时无线电技术、电子电路以及电磁学理论，在汽车上安装了侦测和引导系统，而在测试道路上敷设一系列矩形电线回路，首尾相连。当汽车经过一个矩形回路时，埋在道路中的晶体管侦测设备就会与汽车上的侦测系统信号互联，汽车就会被引导在车道界内行驶，同时还能够与前后其他车辆保持一定的安全距离。

让公路来引导汽车行驶，而非专注在汽车本身技术提升的研究，一直持续到了20世纪70年代。不过那时汽车已经不再是什么新鲜事物，而在道路上安装电缆等控制系统耗资巨大，见效缓慢，要在已经成型的路网上实行几乎是不切实际的。

研究者逐渐将精力投入到了汽车本身，转而关注更加切实的汽车安全、尾气排放等问题，自动化高速公路时代也随之终结。

无论是单纯公路引导汽车，还是提升汽车本身技术，无人驾驶需要汽车与公路等基础设施进行互联，而自动化高速公路，将汽车与道路进行了第一次连接。

1.2.3 机器视觉和传感技术第一次融入汽车

本节阅读难度：★

20世纪60年代中期，集成电路的发明，使计算机科学技术有了大飞跃，计算机变得越来越小，也更加可靠，功能也更加强大，计算机集成在机器上成为了可能。

1966年到1972年期间，美国斯坦福研究所（Stanford Research Institute，SRI）在创始人查理·罗森（Charlie Rosen）的带领下，成功研制了世界上第一个可移动、感知环境和自主导航的机器人——Shakey，如图1.14所示。

Shakey装备了摄像机及控制器、测距仪、碰撞传感器、编码器和步进电机及其控制的前进轮、转向轮，并通过天线和计算机进行通信。

Shakey通过计算机视觉实现自主进行感知和环境建模，通过语言处理来理解指令并指导自己的行为，Shakey是世界上第一个对其行为进行推理的移动机器人，它在视觉分析、路线查找和复杂动作规划上取得了根本性进展，这也是智能机器人的通用框架。

Shakey的成功让汽车工程师们尝试将类似的技术应用在了汽车上。

1977年，日本筑波机械工程研究实验室的S.Tsugawa和他的同事们开发出了第一个基于摄像头来导航的自动驾驶汽车（图1.15），该车配备了两个摄像头，采用模拟计算机进行信号处理，速度可达到30公里/时，并且可以追踪和识别白色的街道标记，这是目前所知最早使用机器视觉的汽车。

随着机器视觉技术的发展，无人驾驶在世界各地开始遍地开花。

20世纪80年代，德国国防科技大学科学家恩斯特·迪克曼斯（Ernst Dickmanns）和奔驰汽车合

图1.14　机器人Shakey

图1.15　日本筑波机械工程研究实验室发明的自动驾驶汽车

图1.16 恩斯特·迪克曼斯与奔驰合作的视觉机器面包车

作,设计了一辆视觉机器面包车(图1.16)。该车配备了一组摄像头和60个微处理模块,用于检测车辆前后道路上的物体。其最关键的创新技术"动态视觉",即允许成像系统过滤掉无关的"噪声",只关注相关物体。

这项创新可以帮助无人驾驶汽车识别潜在危险及其位置,使得基于机器视觉的无人驾驶汽车取得了重要的进步。事实证明,这辆车非常成功,在没有交通意外的情况下可以实现速度达100公里/时的无人驾驶。

在同一时期,美国国防高级研究计划局联合多家大学、科研机构和公司启动了"自主陆地车辆"(Autonomous Land Vehicle,ALV)项目。

在该项目中,车辆首次使用了激光雷达这一先进传感器,同时也采用了服役不久的GPS系统进行导航,实现了第一个基于越野地图和传感器的自主导航。在80名军事和学术官员现场见证下,一辆外形奇特、高3米的蓝白相间的汽车(见图1.17),以3公里/时的速度行驶在陡坡、沟壑、大岩石和植被的复杂地形上,让人啧啧称奇。

无人驾驶汽车的成功源于研究方向的重新定位,控制方式从接收周围环境如道路线缆的感应信号,转变为专注于汽车本身,以机器人技术为基础,将机器视觉和传感器技术融合起来,实现环境感知等功能。

这也确立了当今无人驾驶技术的发展方向,无人驾驶已经进入了一个新的发展阶段。

图1.17 ALV自主陆地车辆

1.2.4 "霹雳游侠",无人驾驶第一次家喻户晓

本节阅读难度:★

著名的机器人三大定律提出者、美国科幻小说家艾萨克·阿西莫夫(Isaac Asimov)在其短篇小说《神奇的汽车——萨利》中,描述了一辆具有人性,如果受到人类虐待,会奋起反击的自动汽车。

阿西莫夫(图1.18)是科幻小说的巨匠也是先驱,在全世界拥有无数粉丝和读者,而他笔下的"萨利",被赋予了人性,《神奇的汽车——萨利》应该算是第一部以无人驾驶汽车为核心题材的小说,而且还首次提出了共享汽车的概念。

小说中,以萨利为代表的自动汽车在当时的社会已经很成熟,它们能探测路面,避开障碍、行人和其他车辆,能够记住行驶的路线,而且这些汽车很爱干净,总是经常擦洗自己的玻璃。自动汽车的出现让公路变得空旷起来,车祸也销声匿迹。

小说还提到,自动汽车的价格比需要人驾驶的汽车贵10~100倍,普通消费者很难买得起,因此汽车工业专注于生产微型自动公共汽车。需要乘坐时,可以随时给汽车公司打电话,几分钟之内自动汽车便会停在你面前,送你到你想去的地方,通常情况下,需要和同路的其他人坐在一起。这其实是共享汽车的最初概念。

图1.18　艾萨克·阿西莫夫

机器人三大定律

美国科幻小说家艾萨克·阿西莫夫在1942年《我,机器人》一书中提出了著名的机器人三大定律。

① 第一定律:机器人不得伤害人类,或者目睹人类将遭受危险而袖手不管。

② 第二定律:机器人必须服从人类赋予它的命令,当该命令与第一定律冲突时例外。

③ 第三定律:机器人在不违反第一、第二定律的情况下要尽可能保护自己的生存。

机器人三大定律在科幻小说中大放异彩,被其他小说广泛引用,同时,机器人三大定律也具有一定的现实意义,得到了很多机器人领域专家的认同。

图1.19 《霹雳游侠》海报　　　　图1.20 迈克尔·奈特和KITT

除了出现在科幻小说里，无人驾驶也被搬上了银幕，最家喻户晓的要数1982年播出的电视剧《霹雳游侠》（图1.19）。

霹雳游侠迈克尔·奈特（Michael Knight）驾驶一辆独一无二的超级汽车，在罪犯横行的世界里，讨伐罪恶势力，为无辜无援的人主持正义。

这部独一无二的超级汽车名为KITT，它可以跳跃障碍物，还有铜墙铁壁的筋骨，子弹打不穿，穿墙如无物，更神奇的是它有思维，可以和人类交流。

最强大的是它的无人驾驶功能，当主人公迈克尔有危险的时候，它能自动穿墙拔刀相助，又能穿越障碍，全身而退（图1.20）。

据不完全统计，KITT集成了以下各种超强功能。

（1）人工智能，"懂我"

① 具有人类思维，富有同情心和幽默感（哄小孩），遵循"保护人生命"原则。
② 会说多国语言及方言。
③ 指纹、语音控制开关门。

（2）多功能娱乐和健康

① 车内设有自动取款机、可视电话、电子游戏设备。
② 车内可抽真空，也有供氧设备。
③ 可以给人看病，称体重。
④ 可向外发电，发电量足够一个小镇使用。
⑤ 会读书看报，内存中装有几乎所有学科知识。

（3）安全和自我保护

① 特殊材料车身，可穿透钢筋水泥墙，隔音，防弹，耐3000℃高温。
② 车窗可由透明变不透明。
③ 车顶可打开，座位有弹射器（约10米高），车内有降落伞（高空降落）。

④ 车胎扎不爆，可自动排气再自动充气。
⑤ 配有消音系统，可来去无声。

（4）多工况和多环境驾驶

① 超级推进（速度接近500公里/时）和超级制动模式。
② 可起跳跨越一定高度或距离（翻墙），也可垂直起跳。
③ 可开上很陡的坡。
④ 可在海面行驶和水中游泳，还可以横着走。

（5）侦探、攻击、伪装和分析

① 车灯可变换各种颜色（模仿警车），可变换车牌。
② 可窃听电话，冒充电台向外广播，可干扰方圆25千米的供电系统，可干扰飞机，遥控电子设备及金属器械（改变交通信号灯）。
③ 车头可发射激光和高温热线，可融化钢铁，可将人和车烧成灰烬。
④ 车尾可喷射烟雾、沥青、火焰、炸药、二氧化碳、抓钩等。
⑤ 车内有拍照、录像、录音设备，可通过屏幕看清几百米以外的物体。
⑥ 能分析人容貌、判断人的性别和年龄等。
⑦ 可用红外线透视人体、房屋、皮箱等不透明物体。
⑧ 车内有化学分析仪，能分析物质的构造及化学成分。
⑨ 有地质探测仪，可勘探地下矿藏。

《霹雳游侠》的编辑和导演绞尽脑汁，把能想到的功能都集成在了KITT上。除去上文提到的侦探、攻击、伪装和分析等功能，KITT完美地与语音识别、智能座舱、舒适娱乐健康等契合，这些都是目前无人驾驶汽车正在发力的领域，早在40年前，《霹雳游侠》就已经提出了这些概念。

无论在小说里，银幕上，还是生活中，人们对无人驾驶都怀有无限美好的期望和畅想。

希望不久之后，汽车能够像《霹雳游侠》中KITT一样，成为"懂我"的第三个移动空间，成为人类的伙伴，这也是无人驾驶的终极目标。

1.3 达特茅斯会议，人工智能伴随无人驾驶开始萌芽

本节阅读难度：★

1956年夏天，在美国东部的达特茅斯学院校园里，一群年轻的科学家聚集在

一起（图1.21），他们试图利用整个暑假时间，讨论如何建造一台"像人类一样会思考的机器"。

会议足足开了2个月，并没有达成普遍的共识。

但是会议上使用的一个术语，却一直沿用至今，那就是人工智能，即Artificial Intelligence，缩写为AI。

图1.21 达特茅斯会议部分参与者合影

表1.1 达特茅斯会议参与者

姓名	职务	备注
麦卡锡（J.McCarthy）	达特茅斯学院数学系助理教授，后为MIT教授	会议发起人
明斯基（M.L.Minsky）	哈佛大学数学家、神经学家，后为MIT教授	
洛切斯特（N.Lochester）	IBM信息中心负责人	
香龙（C.E.Shannon）	贝尔实验室信息部数学研究员	
莫尔（T.More）	IBM研究员	参会者
塞缪尔（A.L.Samuel）	IBM研究员	
塞尔夫里奇（O.Selfridge）	MIT人工智能研究员	
索罗蒙夫（R.Solomonff）	MIT研究员	
纽厄尔（A.Newell）	兰德公司研究员	
西蒙（H.A.Simon）	卡耐基梅隆大学工业管理系主任	

而达特茅斯会议，也被认为是人工智能正式诞生的标志。会后，人工智能的研究进入了高潮，逐渐形成了符号主义、连接主义和行为主义人工智能三大学派，当时的与会者在之后都成为了人工智能某个学派的"大咖"（表1.1）。

1969年，达特茅斯会议发起者，被称为"人工智能之父"的麦卡锡（J.McCarthy）（图1.22），在一篇题为《计算机控制的汽车》（Computer Controlled Cars）的文章中，描述了现代无人驾驶汽车的想法。

麦卡锡在文章中提出了"自动司机"通过"电视摄像机输入数据"来帮助汽车进行导航的概念。

乘客可以通过键盘输入目的地，汽车接收指令后能自动前往目的地。同时，乘客可以随时更改指令，在休息室、餐厅停留休息，或在特殊情况下让汽车加减速。

图1.22 人工智能之父麦卡锡
（J.McCarthy）

图1.23 2006年重聚达特茅斯学院（从左到右：莫尔、麦卡锡、明斯基、塞尔夫里奇和索罗蒙夫）

麦卡锡是第一个提出将人工智能应用在汽车上的专家，这篇前瞻性的文章，启发了之后无人驾驶大部分的研究。

基于人工智能的视觉处理、深度学习等技术，当前已深深与汽车相互融合，构成了无人驾驶的核心技术。

2006年，在达特茅斯会议半个世纪后，当年的参会者重聚达特茅斯学院。他们已从追风少年变为年过古稀的老人，不过笑容依旧（图1.23）。

或许他们也没有想到，50年前那场看似再平常不过的学术讨论，已经开始影响到了人们生活的方方面面。

1.4 无人驾驶在中国埋下第一颗种子

本节阅读难度：★

从前文不同角度对无人驾驶的解读可以看到，无人驾驶的初期发展都发生在美国，那么对于中国呢？

其实对于基础计算，可以骄傲地说中国曾经远远领先于世界。

春秋战国时代，我国发明了世界上第一个人工计算器——算筹，利用筹，可以实现加减乘除，甚至是开方乘方等运算（图1.24），人类从此开启了"手工计算"的时代。

图1.24 我国古代发明的算筹

直到1642年，法国数学家帕斯卡发明了第一台机械计算器——加法器，人类的计算方式终于从手工进入了"机械计算"。

时间的车轮走向了近代，在这之后，就逐渐缺少了中国的身影。

1946年，世界第一台电子计算机ENIAC在美国问世，人类进入到了"电子计算"时代。1950年，图灵发表了跨时代论文《计算机器与智能》，这篇文章后来被改名为《机器能思维吗？》，其提出了著名的图灵测试，见图1.25。

图1.25　图灵测试

图灵测试

将人与机器隔开，人向机器随意提问，多次问答后，如果有超过30%的人不能确定被测试者是人还是机器，那么这台机器就通过了测试，并被认为具有人类智能。

图灵曾经乐观预言，在2000年就会出现这样的机器（超过30%比例），迄今为止，通过图灵测试，依然是所有人工智能科学家的最高目标。

最让人遗憾的，图灵在1954年英年早逝，计算机领域最高奖"图灵奖"就是为他而设立的。

近代计算机的出现，图灵测试的提出，为无人驾驶在美国快速发展创造了先决条件，无人驾驶的基础理论以及可行性研究迅速在美国生根发芽。

到了20世纪70年代，美国、英国、德国等发达国家在无人驾驶汽车的实用化方面取得了突破性的进展。

到了20世纪80年代，我国学术和产业界开始着手无人驾驶研究。

1978年，清华大学计算机系齐国光教授成立了自动驾驶课题组，据悉，当时共有3名研究生参加了自动驾驶项目，这是我国在无人驾驶领域播下的第一颗种子。

1990年，国家高技术研究发展计划（863计划）开始支持军用无人驾驶技术的研究，当时参与的单位如国防科技大学、哈尔滨工业大学等高校，成为了我国无人驾驶的早期的探索者。

特别地，1992年，国防科技大学对一辆中型面包车进行了改装，通过车载计算机、检测传感器以及相关液压控制系统，使这辆面包车拥有了自动驾驶性能，被称为我国第一辆真正意义上的无人驾驶汽车。

我国无人驾驶研究开始重回赛道和加速追赶。

1.5 无人驾驶先驱，"汽车之眼"Mobileye成立于世纪之交

本节阅读难度：★

Mobile是汽车，Eye是眼睛，那么Mobile + Eye会是什么？

1998年，以色列希伯来大学教授安农·沙舒亚（Amnon Shashua）来到日本，分享自己多年的研究成果，用一个单目摄像头来探测物体。

Shashua的灵感来源于自己十几年前求学时就在思考的一个问题：既然人类闭上一只眼睛能够看清路况，那么，汽车也应该可以做到。

Shashua的演讲内容引起了台下丰田汽车工程师们的极大兴趣。当时，日本丰田一直在研究汽车辅助驾驶立体视觉技术。演讲后，Shashua被这些工程师团团围住，他们询问Shashua对立体视觉的看法。Shashua答道："你不需要一个立体系统，一个简单的摄像头就够了。"

这次演讲和交流为Shashua拿到了人生的第一桶金，来自于丰田汽车10万美元的研究基金，用于证实单目摄像头实现立体感知的商业可行性。

回到以色列后，Shashua开启了这个新项目，他找来了自己在商界的朋友投资人齐夫·阿维拉姆（Ziv Aviram）。1999年，他们一起成立了Mobileye公司，他们要做"汽车之眼"，帮助汽车建立视觉系统，提高汽车的驾驶安全性。

Aviram作为首席执行官，负责对外事务和公司运营，而Shashua作为公司董事长及首席技术官，把主要精力放在研发上。

研发初期，以摄像头为基础视觉系统，在尺寸、成本以及功耗上都无法满足汽车的要求，再加上市场不成熟，他们坚持了8年才等到第一款产品商用。

2007年，Mobileye签订了第一个生产协议，这8年期间，Mobileye进行了近10轮融资，所有的钱都被投入到了新的研发中去，"十年磨一剑"，是Mobileye的真实写照。

经过多年的默默耕耘，Mobileye通过前置摄像头对前方物体进行实时监控，同时配以算法计算出物体与车辆的距离，实现车道偏离警告、前车防撞预警、行人探测与防撞、智能远光灯控制等功能（图1.26）。

Mobileye仅用了一个摄像头就满足了汽车安全驾驶的全部要求，而且做到了

在满足性能的前提下，达到了尺寸、成本、功耗三者之间的平衡，给汽车工业带来了巨大影响，也为无人驾驶技术奠定了基础。

2013年10月，Mobileye卖出了第100万台产品，其后，至2016年1月期间，卖出了900万台产品，占有汽车视觉识别领域70%的市场份额。更重要

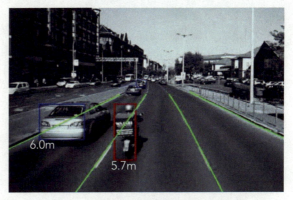

图1.26　Mobileye摄像头监测到路面情况

的是，Mobileye通过十几年与全球车企的合作，积累了上千万公里在不同环境、气候、道路状况的数据，基于这些数据，Mobileye开发出了领先的核心算法。

行业小故事：Mobileye与特斯拉的"相爱相杀"

特斯拉于2014年开始，在Model S和Model X上安装第一代的自动驾驶系统Autopilot，该系统使用了Mobileye的芯片和摄像头（图1.27），并搭载了博世的毫米波雷达和12个超声波传感器。

然而2016年5月，特斯拉Model S发生了严重的交通事故，导致车主死亡，这件事成为了Mobileye和特斯拉终止合作的导火索。一方面，摄

图1.27　特斯拉Autopilot上搭载的Mobileye EyeQ3芯片

像头＋毫米波雷达技术方案在技术上存在安全冗余不足；另一方面特斯拉的无人驾驶策略与Mobileye一贯的作风不符。

2014年，Mobileye在纽交所上市，上市首日市值达到了80亿美元，创下了以色列公司在美国IPO的最高纪录。

从Mobileye的诞生，到默默耕耘，再到迅速发展，可以看到，无人驾驶技术不是一蹴而就的。

第 2 章

无人驾驶的孕育

（2000—2009年）

本章知识点

摄像头、毫米波雷达、激光雷达、超声波雷达、标准体系、技术路线、全球政策、机器学习、深度学习

时间跨入了21世纪，无人驾驶汽车逐渐从理论研究开始进入了实用化阶段，就像手机和互联网一样，新技术最先服务于军队，之后进入人们的日常生活。无人驾驶的实用化最主要的推手来自于军事比赛。

2.1 从无人车挑战赛说起——DARPA

本节阅读难度：★

（1）起源于军方

一直以来，美国军方都想让自己的士兵在作战时能远离战区，减少伤害。其中车辆无人化，是最关键的措施。

2001年，美国国会通过了一项法案，即在2015年前，美国军队的地面战斗车辆有三分之一必须实现无人驾驶。

2003年2月，为了刺激相关技术发展，让无人驾驶尽快实现落地，美国国防部下属的国防高级研究项目局（Defense Advanced Research Projects Agency，DARPA），决定用丰厚的奖金，举办无人驾驶车辆挑战赛，让无人地面车辆，在有限时间内自主完成越野行驶。

（2）从"全军覆没"到城市挑战赛

2004年3月13日，第一届DARPA无人驾驶挑战赛选在了美国西南部的莫哈维沙漠举行，整个路线全长240公里。之所以把比赛场地选择在沙漠，是因为当时的无人驾驶技术不成熟，在远离繁华的沙漠之地进行比赛，能避免很多风险。

当时的奖金高达100万美元，吸引了大学、车企以及研究所等15家参赛单位，在参赛的无人车中，既有传统造型的SUV，又有沙漠越野车，还有卡车，如图2.1所示。

图2.1 2004年第一届DARPA无人驾驶挑战赛的参赛车辆

可惜的是，当时没有一辆无人车完成了既定路线，来自于卡耐基梅隆大学的车队行驶了最远的距离，也只有11.78公里。车辆在掉头时，被挂在了一块岩石上。

第一届DARPA无人驾驶挑战赛没有获奖者，100万美金也没能送出。但"全军覆没"的结果更加激发了参赛者的热情和动力。

第二年，主办方将奖金提高到了200万美元，同时提高了参赛门槛，参赛队伍先要通过预赛，之后进入决赛分得奖金。

第二届比赛场地仍然为沙漠，赛道总长212公里，不过比第一届赛道难度更大，包含了3条狭窄的隧道，100多个急转弯，还有很多的陡坡，并最终需要通过一条被称为"啤酒瓶走廊"的路线后才能结束赛程，如图2.2所示。

比赛的结果出乎意料，进入决赛的23支队伍，有22支超越了前一年11.78公里的最好成绩，而且有5支队伍完成了比赛。

最终的冠军是斯坦福车队的"史丹利"（Stanley），他们在7小时内完成了比赛，将200万美元的奖金收入囊中。

"史丹利"是由斯坦福大学与大众汽车公司共同研发完成的。在第一届比赛过后，他们就意识到是汽车软件而不是硬件决定比赛的胜负，因此选择了机器学习和大数据的方法，让汽车模拟人类驾驶。

图2.2　2005年第二届DAPRA无人驾驶挑战赛"啤酒瓶走廊"

事实证明，他们的选择完全正确，摒弃尽可能将所有情况通过编程方式写入车载计算机的传统思路，转而让计算机"自我学习"，从而打造出了一辆真正的智能化汽车（图2.3）。

为了让各参赛队伍有所突破，２００７年

图2.3　2005年第二届DARPA无人驾驶挑战赛冠军"Stanley"

DARPA举办了第三届挑战赛，主办方将地点选择到了一座废旧的空军基地，模拟城市环境，这次比赛被称为城市挑战赛（Urban Challenge）。

整个赛道全长96公里，参赛车队需在6小时内完成比赛。为了更加接近真实情况，主办方增加了许多规则，参赛车辆必须遵守交通法规，能够在雨天和雾天中行驶，必须避免碰撞，能够实现U形转弯，等等。

图2.4　2007年第三届DARPA无人驾驶挑战赛冠军"Boss"

尽管比赛中出现了一些突发状况，但是结果还是相当令人满意的，11支参赛队伍中有6支完成了规定任务，并跑完了全程。

来自卡耐基梅隆大学车队的"Boss"获得了冠军（图2.4），全程的平均速度达到了22.53公里/时。

2007年的城市挑战赛证实了无人驾驶汽车完全可以在路况复杂的道路上自主驾驶，还能够遵循交通规则，同时监测和识别路上的其他车辆。

（3）无人驾驶挑战赛影响深远

三次无人驾驶挑战赛极大刺激了无人驾驶技术的发展，也为无人驾驶汽车赢得了车企以及高新技术企业的深度关注。因为只有让相关企业参与进来，才能真正进入实用化或者民用阶段。

无人驾驶挑战赛也培养了众多人才，谷歌、优步等企业的无人驾驶核心团队成员都有DARPA无人驾驶挑战赛的参赛背景。

从2004年无人驾驶车辆的"全军覆没"，到一年后几乎所有团队超越了最好成绩，再到2007年在更加苛刻和真实的规则下顺利完成比赛。仅仅3年时间，无人驾驶技术实现飞速发展。2007年也被公认为是无人驾驶技术逐渐走向成熟和实用的一年。

2.2 无人驾驶的"眼睛"

本节，为读者介绍无人驾驶与感知有关的四大核心传感器。

2.2.1 摄像头＋雷达，无人驾驶汽车的"眼睛"初探秘

本节阅读难度：★★

人类大脑中约80%的知识和记忆来源于眼睛，有人说，没有眼睛就没有人类文明。

无人驾驶汽车，也需要有"眼睛"来认清路况和感知周围环境。摄像头、毫米波雷达、激光雷达、超声波雷达四种传感器，被称为无人驾驶的"眼睛"。

（1）摄像头

摄像头，也称为视觉传感器，其成像机理与人眼最为相似，由镜头采集图像后，摄像头内的感光及控制组件进行处理，转化为数字图像信号，实现车辆对周边路况的感知。

摄像头也是四种传感器中唯一可以获取物体颜色、对比度、材质等细节图像信息的设备，在识别物体方面优势很明显。但和人眼一样，摄像头容易受恶劣天气和光线变化的影响，对于两个移动物体的相对运动的探测有缺陷，在速度侦测方面能力较弱。

由于摄像头技术成熟，成本低，很多厂商都把摄像头作为通往无人驾驶的敲门砖，摄像头也是四种传感器中出货量最大的组件。如图2.5所示，为特斯拉辅助驾驶2.0传感系统中的8个摄像头，它们覆盖了360°可视范围，对周围环境的监控距离最远可达250米。

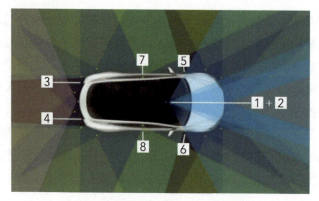

图2.5 布置在特斯拉车上的8个摄像头

（2）雷达

雷达，是英文Radar的音译，英文全称为Radio Detection and Ranging，即无线电探测和测距。雷达向目标发射无线电波，通过发送信号与目标反射信号进行对比，来获得目标至发射点距离、距离变化率、方位、高度以及角度等信息。

按照发射电波的频率或波长，雷达的主要应用如表2.1所示。

表2.1 雷达的应用

频率	波长	应用
3~30MHz	10~100m	海岸雷达系统，超远程电离层雷达
<300MHz	>1m	早期雷达系统
300~1000MHz	0.3~1m	远程（弹道导弹预警）、地面渗透、植物渗透
1~2GHz	15~30cm	远程空中交通管制和监测
2~4GHz	7.5~15cm	远程气象雷达、海洋雷达
4~8GHz	3.75~7.5cm	卫星转发器，气象雷达
8~12GHz	2.5~3.75cm	地面检测，机场雷达，导弹制导，船舶，气象，中等分辨率测绘
12~18GHz	1.67~2.5cm	高分辨率测绘，卫星高度计
18~27GHz	1.11~1.67cm	云层检测，汽车侦测超速
27~40GHz	0.75~1.11cm	摄像雷达，汽车红灯检测
30~300GHz	1~7.5mm	毫米波雷达
40~60GHz	5~7.5mm	军事通信
50~75GHz	4~6mm	被大气层吸收
75~110GHz	2.7~4mm	汽车雷达，高分辨率气象观测和成像

雷达小历史

雷达发明于19世纪，直到20世纪30年代初才开始流行，在二战时期声名鹊起。

1938年，盟军在英国泰晤士河口布置了200公里长的雷达网，给希特勒造成极大的威胁。随后，英国海军又将雷达安装在军舰上，在海战中发挥了重要作用。

雷达不仅运用在军事上，还可用于探测天气、海洋测绘、民用飞机航空管制、查找地下20米深处的古墓，等等。

雷达发射无线电波。事实上，不论无线电波，还是平时看到的可见光，在本质上都是电磁波，在真空中传播的速度都是光速。如图2.6所示为电磁波图谱。

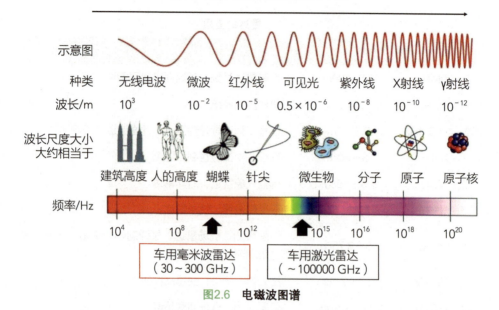

图2.6　电磁波图谱

根据公式：光速 = 波长 × 频率，可以得出，频率越高，波长越短。波长越短，意味着分辨率越高。而分辨率越高，意味着在距离、速度、角度上的测量精度更高。

目前应用于汽车无人驾驶的雷达主要有三种。

① 无线电波介于微波和红外线之间，频率范围30～300GHz，波长为毫米级，即为**毫米波雷达**。

② 无线电波介于红外线和可见光之间，频率大致为10^{14}Hz（100000GHz），波长为纳米级，即为**激光雷达**。

③ 频率高于20000Hz的为**超声波雷达**。

需要指出的是，毫米波和激光属于电磁波一种，是电磁场的一种运动形态；而超声波属于声波，是物体机械振动状态的传播，超声波振动频率大于20000Hz，一般人耳听不到。

无论是普通雷达、激光雷达、毫米波雷达，还是超声波雷达，其工作原理都是一样的，发出信号，测量从物体反射回来的时间，由于光速恒定，因此可以通过测量时间来计算距离。这一物理学基础在过去一个世纪中并没有改变。

（3）毫米波雷达、激光雷达、超声波雷达比较

毫米波雷达、激光雷达、超声波雷达都会向外发射信号，但具体来看，它们发射的信号不同，导致在应用场景上也不同。

毫米波雷达主要采用振荡器，产生一个频率随时间逐渐增加的信号；而激光雷达发射的是激光束；超声波雷达是通过超声波发射装置，向外发出超声波。

超声波的优势是频率低，能量消耗低，测距方法简单，成本低。探测范围在0.1～3米之间时精度较高，因此非常适合用于泊车。但超声波的传输速度很容易受天气影响，超声波散射角大，方向较差，在测量远距离目标时，精度很差。

激光的频率很高，所以激光雷达可获得极高的角度、距离和速度分辨率。距离和速度分辨率高，意味着可以利用多普勒成像技术，创建出目标清晰的3D图像。但激光束受遮挡后无法正常使用，在雨、雪、雾、霾、沙尘暴等恶劣天气情况下不能开启。另外，激光采集的数据量过大，对处理器的要求很高，成本也很高。

毫米波雷达具有良好的角度分辨能力，同时有极强的穿透率，能够穿过光照、降雨、扬尘、雾或霜冻来准确探测物体，可全天候工作。但毫米波雷达无法进行图像颜色识别，无法成像，需要与摄像头互补使用。

表2.2对三种雷达优缺点进行了比较。

表2.2 毫米波雷达、激光雷达、超声波雷达对比

项目	毫米波雷达	激光雷达	超声波雷达
探测距离	较远	远	近
分辨率	高	很高	一般
环境适应性	全天候，不易受环境影响	雾、雨、雪、霾等天气无法工作	易受天气和温度影响
成本	中	高	低
优点	不受天气情况和夜间影响	距离、角度测量精度高，可成像，探测距离远	价格低，数据处理简单
缺点	目标识别有难度，需与摄像头互补使用	成本高，易受天气影响	受天气影响，只能探测近距离物体

目前业界已经达成共识，实现无人驾驶，需要应用多种类型的传感器，这些传感器技术相互补充，在雨、雾、雪等天气中提供最佳的可靠性。大多数厂商的自动驾驶试验车辆均采用了包括摄像头、毫米波雷达和激光雷达在内的多种传感器。

如图2.7所示为2019款宝马3系自动驾驶汽车，包含5个摄像头、5个毫米波雷达和10个超声波雷达。

① 前风挡一组三目摄像头。

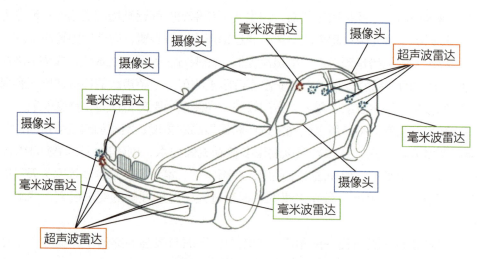

图2.7 搭载在2019款宝马3系上的传感器

② 后视镜左右2个摄像头:前格栅中央前视摄像头以及后视摄像头。
③ 前栅格1个远程毫米波雷达。
④ 车前后四角保险杠内安装4个毫米波雷达。
⑤ 前后保险杠的10个超声波雷达。

2.2.2 与人眼最为相似的摄像头

本节阅读难度:★★★

摄像头(英文名称Camera,也译为相机),是一种通过对拍摄到的图像进行处理,计算出特征,并输出数据和判断结果的视觉传感器。

(1)工作原理:与人眼类似

摄像头的工作原理见图2.8。

图2.8 摄像头的工作原理

目标物体通过镜头生成光学图像,投射到图像传感器上,图像传感器根据像素分布、亮度、颜色等信息,将光信号转换为电信号,再经过A/D转换为可供计算机处理的数字信号,数字信号处理器对这些信号进行运算来抽取目标的特征(面积、重心、长度、位置等),完成图像中的物体的分类和识别。

人眼与摄像头

人类80%的感知来自于眼睛的视觉，人眼的构造如图2.9（b）所示。

瞳孔和晶状体是成像的重要部件，可以将外界物体的图像信息成像在视网膜上。改变瞳孔的大小可以改变进入眼睛的光通量。晶状体是一种变折射率的光学器件，可以改变成像的焦距。视网膜能感受颜色和光强，将图像信息转换为电信号。而视觉神经能将电信号传输进大脑神经中枢，最终形成视觉。

某种程度上讲，摄像头类似于人类的眼睛，结构组成如图2.9（a）所示。

镜头类似于瞳孔和晶状体，镜头上的光圈（瞳孔）可调节进入摄像头的光通量，也可通过调节镜片间的距离来改变焦距（晶状体）；而图像传感器相当于视网膜，能将光信号转换为电信号；数字信号处理器，类似于视觉神经系统，可对获取的图像信息进行处理加工。

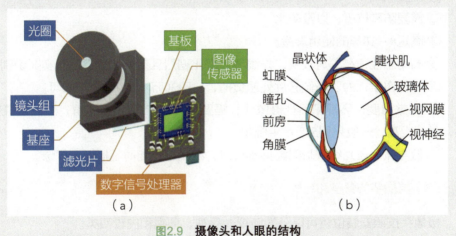

图2.9　摄像头和人眼的结构

（2）摄像头级别

与传统消费级手机家装或工业级安防摄像头要求不同，车载摄像头，特别是无人驾驶车载摄像头，需要满足车规级要求。表2.3比较了不同级别产品的主要特征。

表2.3 不同级别产品的主要特征

级别	产品	主要特征
消费级	普通消费级如儿童玩具 严格消费级如手机	○ 不涉及大规模人身安全和群体损失 ○ 市场要求产品迭代迅速
工业级	各种工业传感器等	○ 可能涉及大规模人身安全和群体损失 ○ 市场对产品迭代速度无要求
车规级	汽车电子产品和零部件	○ 非常可能涉及大规模人身安全和群体损失（多安全都不为过） ○ 市场对产品迭代速度和成本有要求
军工级	军事电子产品和零部件	○ 只对产品性能有要求 ○ 不计成本
宇航级	航空航天电子产品和零部件	○ 只对产品性能有要求 ○ 不计成本

摄像头车规级要求具体体现在以下七个方面。

① 温度满足 -40 ~ +85℃的工作要求。

② 需要防磁抗震，以及防水。

③ 满足8 ~ 10年的使用寿命。

④ 高动态性：在车速较快，光线环境变化剧烈且频繁环境下仍能实时识别。

⑤ 中低像素：为了降低芯片处理负担，一般30万 ~ 120万像素即可。

⑥ 视觉角度：环视和后视摄像头，需要满足135°的水平视角，而前视摄像头，对视距高，一般采用55°水平视角。

⑦ 低噪点：在光线较暗时能抑制噪点，在晚上也能清楚捕捉到图像。

（3）摄像头的分类和功能

摄像头按照安装位置可以分为前视、后视、环视和内置四类。

① 前视摄像头的使用频率最高，需要实现车道、障碍物、行人、交通标志、交通信号灯识别，以及测距和跟踪等多重功能。前视摄像头一般采用广角镜头，安装在车内后视镜上或者前挡风玻璃较高位置，以实现较远距离探测。

② 后视摄像头主要用于倒车预警和后车防碰撞，一般安装在后挡风玻璃或者后备厢上。

③ 内置摄像头主要用于车内人员状态的监测。

④ 环视摄像头一般安装在车辆的前方、左右后视镜下以及车辆后方，朝向地面，采用四个鱼眼镜头，对四个方向的图像进行拼接，可实现从车顶往下看的效果，被称为"上帝视角"，探测角度如图2.10所示。

图2.10 "上帝视角"

"上帝视角"可实现车身5～10米内的障碍物检测以及自主泊车时库位线准确识别。

单目和多目摄像头

前视摄像头是使用频率最多的摄像头,按照镜头的数量又分为单目和多目摄像头。

如同人眼一样,摄像头的单目还是双目,指的是用一个眼睛还是两个眼睛。

单目摄像机算法比较成熟,但有一个天生的缺陷,即摄像头视角越宽,所能探测到的距离越短,视角越窄,探测到的距离越长。类似于人眼看世界,看得越远,所能覆盖范围窄,看得越近,覆盖范围广。

而且摄像头无法像人眼一样频繁和快速变换焦距,因此采用多个摄像头(即多目摄像头)来解决不同距离下识别清晰度的问题。

如图2.11所示为特斯拉自动驾驶系统AutoPilot2.0安装在挡风玻璃下的三目摄像头,分

图2.11 三目摄像头

别为窄视角摄像头（最远探测250米）、主视角摄像头（最远探测150米）及宽视角摄像头（最远探测60米）。

三个摄像头的视野不同，探测距离也不同，近处交给宽视角摄像头，中距离交给主视角摄像头，更远距离交给窄视角摄像头。不同摄像头负责不同距离和角度，各司其职，互不干扰，其视野与探测距离如图2.12所示。

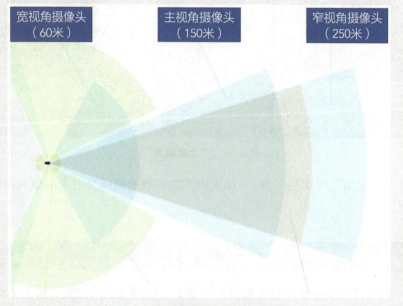

图2.12　不同摄像头的视角和距离

由于多目摄像头对算法要求高，成本大幅增加，同时还需要解决安装位置空间的问题，因此，目前单目摄像头的使用还是主流。

（4）产业链和组成

如图2.13所示为车载摄像头的产业链，分为上游材料、中游零部件和下游产品三个环节。

上游材料中的光学镜片、滤光片和保护膜等用于制造镜头组，晶圆用于制造图像传感器的芯片以及信号处理器。在中游镜头组、图像传感器以及保护材料等封装成模组，并和信号处理器一起封装成摄像头。摄像头和软件算法一起，构成了车载摄像头解决方案，应用于无人驾驶汽车中。

摄像头的产业链拥有众多环节，每个环节都有众多厂商。其中，Mobileye以车载摄像头为基础，提供"摄像头＋算法＋视觉处理芯片＋动态地图"的产品组合，已经发展成为了无人驾驶解决方案的提供商。

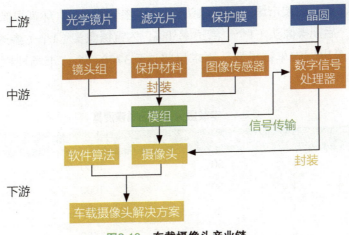

图2.13 车载摄像头产业链

(5) 两大核心：图像传感器和镜头组

在摄像头众多的零部件中，图像传感器和镜头组是两大核心，它们直接决定了摄像头成像的质量。

① 图像传感器。图像传感器是将光信号转换为电信号的半导体元件，主要分为CCD（Charge Coupled Device，电荷耦合器件）芯片和CMOS（Complementary Metal Oxide Semiconductor，互补金属氧化物半导体）芯片两类，它们主要的差异在于对光电信号传输和处理方式不同。

CMOS相比CCD成像质量稍差一些，但成本低、功耗低、集成度高，受到各大厂商的青睐。

② 镜头组。镜头组主要由光学镜片等组成，作用是滤去不可见光，让可见光投射到图像传感器上。镜头的分类很多，从焦距上可分为短焦距镜头、中焦距镜头、长焦距镜头，从视场角大小上分，有广角、标准、远摄等镜头。

图像传感器CMOS的价格超过摄像头成本的$\frac{1}{3}$，国产品牌话语权相对较弱。而镜头组占摄像头的成本约$\frac{1}{5}$，国内自主品牌企业优势比较明显，如舜宇光学等。

(6) 市场：百亿级别规模

前视摄像头因需要复杂的算法和芯片，目前单价在1500元左右，而后视、环视以及内置摄像头单价在200元左右。

一般单车标配7个及以上摄像头，前视、后视各用1个，内置1个，环视4个。这里简单假设乘用车新增约2000万辆的数量级（2020年我国乘用车销量为

2017.8万），那么前装市场前视摄像头（1个）渗透率40%，环视摄像头（4个）渗透率20%，后视摄像头（1个）渗透率50%，内置摄像头（1个）渗透率5%。

可以计算出国内车载摄像头需求量将达到3700万个，市场规模约为204亿元，如表2.4所示。

表2.4　车载摄像头市场规模测算

摄像头类型	每辆车数量	渗透率/%	总数量（2000万辆车）/万个	价格/亿元
前视	1	50	1000	150
后视	1	50	1000	20
内置	1	5	100	2
环视	4	20	1600	32

据相关资料显示，中国已成为全球最大的车载摄像头市场。

2.2.3　激光雷达全面分析：最大优势，四大系统，五大技术

本节阅读难度：★★★

激光雷达（Laser Radar，LiDAR），即激光探测和测距。

（1）激光雷达的最大优势

与雷达工作原理类似，激光雷达发射和接收激光束，通过测量激光信号的时间差和相位差来确定距离，通过水平旋转扫描来测角度，并根据这两个参数建立二维的极坐标系，再通过获取不同俯仰角度信号获得三维中的高度信息。

高频激光可在1秒内获取大量（约150万个）的位置点信息（称为点云），并根据这些信息进行三维建模，如图2.14所示。

除了获得位置信息外，激光信号的反射率可以区分目标物质的不同材质。激光雷达的维度（线束）越多，测量精度越高。

由于激光频率高，波长短，所以可以获得极高的角度、距离和速度分辨率。距

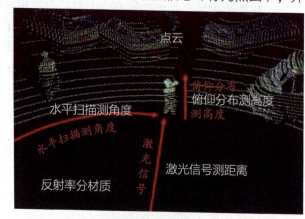

图2.14　激光雷达点云图

离和速度分辨率高,意味着可以利用多普勒成像技术,创建出目标清晰的3D图像,这就是激光雷达最大的优势。

在激光问世的第二年(1961年),就有人提出了激光雷达的设想。1971年,阿波罗15号任务中,美国宇航员使用激光高度计来绘制月球表面,让人们认识到激光雷达的准确性和实用性,激光雷达得到了广泛的关注。

世界第一款汽车用激光雷达是美国Velodyne公司生产的64线激光雷达,首次亮相于2005年无人驾驶挑战赛。

(2)激光雷达如何工作?

如图2.15所示,激光雷达主要由激光发射、激光接收、信息处理和扫描系统四个系统组成。

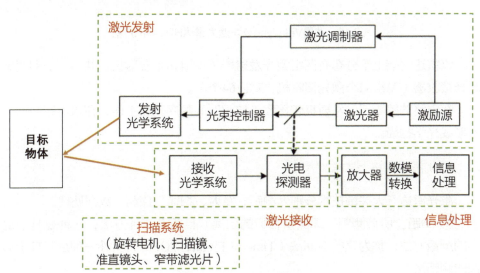

图2.15 激光雷达组成

① 激光发射系统:激励源周期性地驱动激光器,发射激光脉冲,激光调制器通过光束控制器控制发射激光的方向和线数,最后通过发射光学系统,将激光发射至目标物体。

② 激光接收系统:经接收光学系统,光电探测器接受目标物体反射回来的激光,产生接收信号。

③ 信息处理系统：接收信号经过放大处理和数模转换，经由信息处理模块计算，获取目标表面形态、物理属性等特性，最终建立物体模型。

④ 扫描系统，以稳定的转速旋转起来，实现对所在平面的扫描，并产生实时的平面图信息。

激光雷达实物具体是什么样？

如图2.16所示为美国Velodyne公司的发布的一款激光雷达HDL-64E，也是目前市场上比较经典的产品。

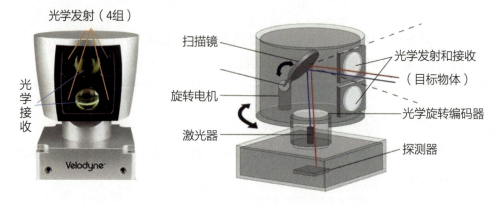

图2.16　美国Velodyne公司激光雷达HDL-64E产品

该雷达前端上下分布有四组激光发射器（每组16个发射机，共64个）和两组激光接收器（每组32个激光接收机，对应64个）。

在电路的控制下，发射机和接收机按照时间顺序轮流工作，在水平和俯仰方向形成光学扫描。

（3）激光雷达五大关键技术

激光雷达五大关键技术分别为测距、发射、扫描、探测、数据处理。

① 测距。所谓测距，即测量目标的距离。目前有两种方法，一种是基于时间的测量方法，称为飞行时间法（Time of Flight，TOF），另外一种是不基于时间的测距法。

基于时间测试的方法原理很简单，公式为

$$D = c \times t / 2$$

式中，D为测量距离；c为恒定的光速；t为激光往返时间。恒定速度乘以时间等于距离，由于是往返，所以除以2。

基于时间的测试方法需要直接测量激光往返时间，难度较高，精确度也低。因此有了相位式的测试方法。

相位式测距不以时间为基准,而是将一调制信号对激光光强进行调制,通过测量相位差来间接测量往返时间。公式为

$D = A/2 \times B/(2\pi)$

式中,D 为距离;B 为激光往返一次所产生的相位差;A 为调制信号的波长,$A/2$ 称为测尺,即相位变化为 2π 时所对应的距离。

相位式测距适用于中短距离的测量,是目前测距精度最高的一种方式。

② 发射。激光的产生来自于激光发射器,其有半导体激光器、固体激光器、光纤激光器和二氧化碳气体激光器四种类型。由于半导体激光器重量轻、发光效率高、可靠性高、寿命长、价格便宜等优点,应用在无人驾驶的激光雷达大多采用半导体激光器。

半导体激光器采用半导体材料作为工作物质,通过一定的激励,在半导体物质的能带之间受激发射。但同时,半导体激光器也具有光斑形状不规则、发散角度大等缺点,因此,需要一套发射光学系统,对激光器的输出光束进行准直整形,改善输出光束质量。

发射光学系统,一般由准直镜、扩散片和辅助光学系统等组成。准直镜是为了解决激光器准直输出问题,扩散片是为了解决激光发散角问题,而辅助光学系统是为了解决激光束偏振太难控制、光隔离等问题。

③ 扫描(光束操纵)。激光雷达的扫描技术,也称为光束操纵技术,直接与3D环境地图创建息息相关,可以通过多个激光束扫描环境,即扫描式激光雷达,也可以通过对场景进行光覆盖而实现,即Flash面阵式激光雷达。

对于扫描式激光雷达,有三种方法可以实现扫描。

a. 安装在车顶以一定的速度旋转,在水平方向采用机械360°旋转扫描,在垂直方向采用定向分布式扫描。这种方法使用旋转多面镜控制光束,也称为机械式扫描。

b. 使用MEMS(微机电系统)微振镜,把所有的机械部件集成到单个芯片上,利用半导体工艺生产,不需要机械式旋转电机,而是以电的方式来控制光束。微振镜振动幅度很小,频率高,成本低,技术成熟。但MEMS微振镜的几何尺寸限制了其振荡幅度,其视野有限,无法实现360°扫描。

c. 采用光学相控阵(OPA)技术,原理与相控阵雷达类似,它由元件阵列组成,通过控制每个元件发射光的相位和振幅来控制光束,无需任何机械部件,因此也称为固态扫描。这种方式扫描速度快、精度高、可控制性好,但OPA芯片纳米加工难度非常高。

以上方式都是逐点扫描,单次发射只探测某个方位,而Flash面阵式激光雷达,利用激光器同时照亮整个场景,对场景进行光覆盖,一次性实现全局成像,

故也称为闪烁式激光雷达。这种方式无扫描器件,成像速度快,缺点是激光功率受限,探测距离近,抗干扰能力差。

目前,MEMS和Flash技术更受到激光雷达厂商的青睐,有望逐步取代主流的机械式激光雷达。

④ 探测。光电探测器,是激光接收部分的核心,本质上是一种实现光信号和电信号相互转换的半导体器件。目前主要有PIN光电二极管、雪崩二极管(APD)、单光子雪崩二极管(SPAD)和硅光电倍增管(SiPM)等。接收光学系统的主要作用是尽可能收集经目标反射后的光能量,将其汇集到探测器的光敏面上。接收光学系统主要由透镜、分束器等组成。

⑤ 数据处理技术。信息处理系统主要任务是对信号进行处理、计算,完成三维图像重构。系统主要包含放大器、数模转换器以及软件算法。探测器将光信号转换为电信号,电信号经过放大(放大器),降低噪声和干扰,然后经过数模转换(数模转换器),进行处理和计算。

(4)产业链

激光雷达产业链可以分为上游,中游和下游,如图2.17所示。

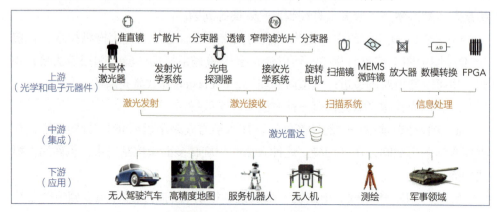

图2.17　激光雷达产业链

上游大量的光学元器件和电子元器件,组成了激光发射、激光接收、扫描系统和信息处理四大部分。这四大部分再组装起来,集成为中游产品——激光雷达。除了已成熟地应用于军事、测绘生态监控等领域,激光雷达下游的高精地图、无人驾驶、无人机等新兴领域应用也得到快速发展。

(5)厂商

这里介绍全球估值相对较高的两家厂商:美国的Velodyne和Quanergy。

① Velodyne,行业龙头,成立于1983年,以重低音音响起家,2005年涉足激

光雷达领域，其首创360°机械旋转式激光雷达技术。2016年8月，Velodyne获得福特和百度1.5亿美元的联合投资，目前已经和25个无人驾驶汽车项目达成合作协议，占据80%左右市场份额。

代表性产品64线激光雷达HDL-64E，探测距离为120米，测距精度2厘米，横向和纵向测量精度分别为0.08°和0.4°，每秒扫描点为130万个。

Velodyne的机械旋转式激光雷达，探测性能优越、技术成熟，是当前的主流。但其高昂的成本和较短的使用寿命却使其无法实现车规级量产，HDL-64E售价高达8万美元，正常的发货周期是8个月左右。

② Quanergy：后起之秀，成立于2012年，主要技术来自于美国哥伦比亚大学，2014年和奔驰达成战略合作，并获得了3000万美元的A轮融资，2015年宣布与Delphi公司合作。

Quanergy的产品主要采用光学相控阵（OPA）技术，即固态激光雷达，代表性产品S3，探测距离为150米，价格只有250美元，且体积相比于机械式大大降低。

但S3不能实现360°旋转，只能探测前方180°的视角范围，因此一辆汽车至少需要4~6个S3激光雷达，其在测量精度、水平视野等参数特性上还有待进一步提升。

激光雷达的专利大战

相比其他成熟产业，无人驾驶激光雷达属于较新领域，圈子小，壁垒高，竞争强。围绕着激光雷达，众多企业展开了专利大战。

Velodyne在2007年申请的专利US 7969558，业内称为"558专利"，如图2.18所示。专利为高分辨率激光雷达系统，英文全称High Definition LiDAR System，该专利提出了基于激光雷达的三维点云测量系统和方法，其适用于自动驾驶、高级驾驶辅助系统（ADAS）、机器人视觉和其他各种应用，借此浇

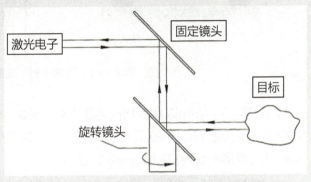

图2.18　Velodyne的"558专利"截图

筑了一道机械式激光雷达的高墙。

该专利是3D实时环视激光雷达的"基础专利",被其他竞争者申请的专利大量引用,包括Quanergy、博世、Waymo、丰田汽车等,2016年,Velodyne以侵犯专利为由,将其最大竞争者Quanergy诉诸法庭,凭借着该专利Velodyne几乎统治了整个机械式激光雷达行业。

Waymo在2013年申请的US9368936,业内人称"936专利"(2016年获批),又是另外一座激光雷达的高墙,如图2.19所示。

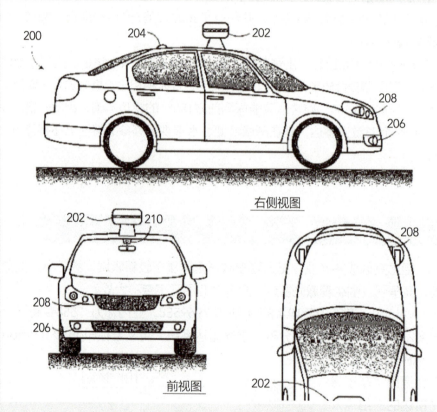

图2.19　Waymo的"936专利"截图

2017年,Waymo以此专利控告正大红大紫的Uber,这场官司最终结果是Uber支付给Waymo公司0.34%的股份作为赔偿(约2.45亿美元),Uber同时承诺不会再复制Waymo的技术。

几乎所有国际零部件厂商、主机厂、初创企业都在大量囤积专利,巩固自身优势。

2.2.4 独具特色的毫米波雷达

本节阅读难度：★★★

（1）什么是毫米波

毫米波，英文名称为Millimeter Wave，缩写为MMW，波长为1～10mm，频率为30～300GHz的电磁波。

毫米波的频率介于微波和红外线之间，因此兼有这两种波谱的优点，同时具有自己的特性。

① 与微波相比，毫米波具有体积小、重量轻和分辨率高的优点。

② 与红外线、激光相比，毫米波穿透烟、雾、灰尘能力强，传输距离远，具有全天候全天时的特点。

③ 毫米波性能稳定，不受目标物体形状和颜色的干扰。

因此，毫米波雷达很好地弥补了红外、激光、摄像头等其他传感器在车载应用中所不具备的使用场景。

电磁波

由同向且互相垂直的电场与磁场在空间中以波的形式移动，传播方向垂直于电场与磁场构成的平面，电磁波在真空中的速度为光速，如图2.20所示。

频率是电磁波重要的特性，按照频率的顺序把这些电磁波排列起来，就是电磁波图谱（参见2.2.1中图2.6）。按频率由低到高（波长由长到短）可以分为：无线电波、微波、红外线、可见光、紫外线、X射线和γ射线。

频率越高，波长越短，分辨率越高，穿透能力越强，但在传播过程中损耗越大，传输距离就越短。

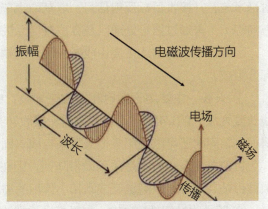

图2.20　电磁波的传播

（2）毫米波雷达的频率

大气层中的水蒸气、氧气等都会对电磁波有吸收作用，针对于毫米波的应用主要集中在大气窗口和衰减峰频率上。

大气窗口是指毫米波通过大气层时，衰减比较小、透射率高的波段，主要集中在35GHz、45GHz、94GHz、140GHz、220GHz五个频段附近。

衰减峰指的是毫米波衰减出现极大值的波段，集中在60GHz、120GHz、180GHz三个频段附近。

大气窗口频段适用于点对点通信，目前已被低空空地导弹和地基雷达采用，而衰减峰频段多被一些隐蔽网络所选用，以满足网络安全的要求。

目前，各个国家的车载毫米波雷达主要集中在24GHz和77GHz这2个频段。其中，24GHz的波长是1.25cm，严格意义来讲，它应该被称为厘米波。24GHz是最早被划分出来作为民用的频段，也是汽车最早就一直使用的频段雷达。77GHz的波长是3.9mm，是真正意义上的毫米波。由于天线尺寸随着载波频率上升而变小，所以77GHz频段的毫米波雷达系统尺寸也会比24GHz更紧凑。

77GHz毫米波雷达正逐步取代24GHz毫米波雷达，成为汽车领域主流的传感器。

（3）毫米波雷达的工作原理和组成

按照发射信号的种类，毫米波雷达可以分为脉冲雷达和连续波雷达，连续波可测量多个目标、分辨率高、成本低、技术成熟，因此汽车毫米波雷达多采用连续且可调频波。

毫米波雷达工作原理与上文提到的激光雷达和摄像头类似，通过天线向外发射毫米波，并接收目标反射信号，以获取汽车环境信息（如距离、速度、角度、方向等），再通过信号处理以及算法对目标进行分类识别。

因此，毫米波雷达主要由收发天线、前端收发组件、信号处理器及算法三个部分组成。

① 天线。主要用于发射和接收毫米波，由于毫米波波长只有几毫米，当天线长度为波长的1/4时，天线的发射和接收转换效率最高，因此天线尺寸可以做得很小，同时还可以使用多根天线来构成阵列。

目前主流天线方案是采用微带阵列，即在印刷电路PCB板上铺上微带线，形成微带贴片天线，以满足低成本和小体积的需求，参见图2.21。

② 前端收发组件MMIC。其是毫米波雷达的核心部分，主要负责毫米波信号的调制、发射、接收以及回波信号的解调。

收发组件包含了放大器、振荡器、开关、混频器等多个电子元器件，常采用单片微波集成电路（Monolithic Microwave Integrated Circuit，MMIC）。MMIC，属于半导体集成电路的一种技术，能降低系统尺寸、功率和成本，还能嵌入更多的功能，参见图2.21。

③ 信号处理器以及算法。通过DSP芯片或者FPGA芯片嵌入不同的算法，对信号进行处理，实现对探测目标的分类识别。

如图2.21所示为某毫米波雷达的实物拆解图，其中微带贴片天线和前端收发组件MMIC为核心部件，信号处理器集成在了前端收发组件上。

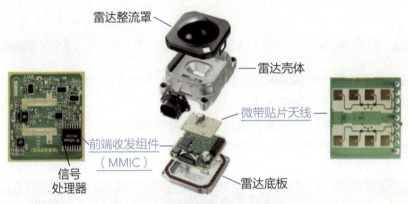

图2.21 毫米波雷达实物拆解图

（4）毫米波雷达的主要作用

为了满足不同距离范围的探测需要，一辆汽车上会安装多个短程雷达（SRR）、中程雷达（MRR）和长程雷达（LRR）。

其中24GHz毫米波雷达主要实现近程探测和中程探测，可用于汽车盲点监测、车道偏离预警、泊车辅助等。

而77GHz雷达主要实现远程探测，可实现自动紧急制动、自适应巡航、前向碰撞预警等主动安全领域的功能。

如图2.22所示，为S级奔驰车搭载6个毫米波雷达，包括5个短程雷达和1个长

图2.22 S级奔驰车搭载6个毫米波雷达

程雷达,分别安装在汽车不同部位,以实现泊车辅助、主动巡航控制、制动辅助等功能。

目前毫米波雷达技术主要由大陆、博世、电装、奥托立夫等国外汽车零部件厂家掌握。

2.2.5 超声波雷达,从自动泊车到自主泊车

本节阅读难度:★★

超声波雷达是一款极其常见的汽车传感器,如果觉得有些陌生,那么它还有一个更通俗的名字——倒车雷达。

超声波雷达是雷达的近亲,像雷达一样发生波形信号,监测回波,不过超声波雷达发射的是超声波,不同于雷达发射的是电磁波。

> **超声波**
>
> 物体振动会产生声波,每秒振动的次数称为声波的频率,单位是赫兹(Hz)。
>
> 人耳能听到的声波频率范围为20~20000Hz,把频率高于20000Hz的声波称为超声波,英文名称为Ultrasound。
>
> 声波是一种机械波,其传播速度远低于电磁波,且声波传播需要空气等媒介物质,在真空中无法传播,其在空气中的速度约为340米/秒。

与雷达发射的电磁波一样,超声波能穿透浓雾和尘土,能以高分辨率分清细小物体。但超声波传播速度较慢,当汽车高速行驶时,误差很大;另外,超声波方向性差,在测量远距离目标时,回波信号比较弱,会影响测量精度。因此,超声波十分适合近距离测量,特别是泊车。

超声波雷达的工作原理也很简单,通过超声波发射器向外发出超声波,接收器接收回波,计算出收发时间差,进而测算出距离,如图2.23所示。

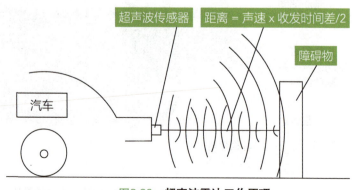

图2.23 超声波雷达工作原理

目前汽车超声波雷达常采用压电式发生器，超声波频率为40kHz。

按照安装位置，可将超声波雷达分为两种：一是安装在汽车前后保险杠上，用于测量前后障碍物，称为UPA（Ultrasonic Parking Assit）雷达；二是安装在汽车侧面，用于测量侧方障碍物，称为APA（Auto Parking Assist，APA）雷达。UPA雷达的探测范围近而宽，最远探测距离为3米；APA雷达的探测范围远而窄，最远探测距离为5米。如图2.24所示中的汽车配备了前后向8个UPA雷达以及左右侧4个APA雷达。

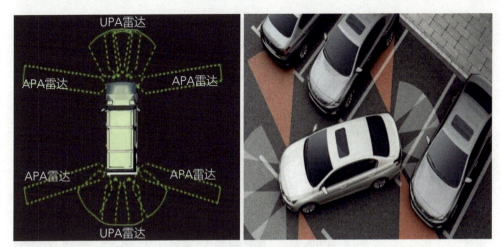

图2.24　超声波雷达两种类型

当汽车低速行驶过空库位，安装在侧方的APA雷达探测距离有一个"变小，再变大，再变小"的过程，如图2.25所示。一旦汽车探测到这个过程，就可根据车速等信息，计算出库位宽度以及是否为空库位，前后两个APA雷达相互校验，进而完成空库位的寻找的工作。

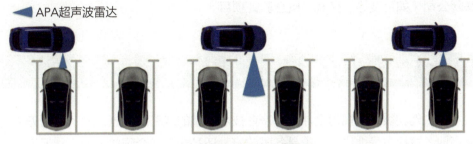

图2.25　超声波雷达工作原理

之后汽车会规划出一条合理的泊车轨迹，进而控制方向盘、变速箱和油门踏板进行自动泊车。在泊车过程中，汽车前后8个UPA会实时感知环境信息，实时修正泊车轨迹，避免发生碰撞。

在自动泊车基础上,一步一步发展出了自主泊车技术,即车到目的地后,把找停车位和泊车的工作交给汽车,等到需要取车时,通过手机给汽车发一个信息,汽车即可远程启动、泊出库位,并行驶到驾驶员设定的接驳点。

这个时候除了超声波雷达,汽车还需要加入前视和环视摄像头来感知远距离环境以及实现环视检测,同时需要加入车载网络技术与手机APP相连,还需要引入停车场的高精地图,最重要的是汽车需要通过深度学习,学会自主泊入和泊出,如图2.26所示。

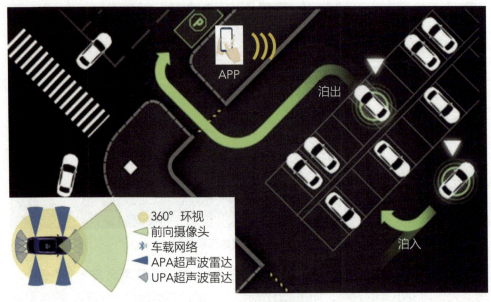

图2.26 自主泊车技术

目前该技术已经较成熟,很多车企也跟汽车零部件厂商(如德国博世)、互联网公司(如百度等)完成了概念验证项目。

2.3 全球各国开始布局无人驾驶

无人驾驶被普遍视为全球汽车产业技术变革的战略制高点,为了抢占无人驾驶高地,发挥主导地位,无论是各国政府,还是包含联合国在内的国际组织,都在积极研究和制定无人驾驶相关标准、法规、技术路线,竞争异常激烈。中国自然也不例外。

2.3.1 中国无人驾驶标准体系

本节阅读难度：★

我国对无人驾驶的总体规划始于2014年10月，工信部委托中国汽车工程协会、中国汽车工业协会和全国汽车标准化技术委员会（简称汽标委）分工展开研究。其中，中国汽车工程协会和中国汽车工业协会负责技术路线图的制定，而汽标委则负责标准体系的规划。

无人驾驶汽车，在我国官方的定义为智能网联汽车，英文名称为Intelligent & Connected Vehicles（ICV）。即通过搭载先进传感器等装置，运用人工智能等新技术，具有自动驾驶功能，逐步成为智能移动空间和应用终端的新一代汽车，通常又称为智能汽车、自动驾驶汽车、无人驾驶汽车等。

（1）顶层设计：三大文件

2015年，国务院印发了《中国制造2025》战略文件（图2.27），其中智能网联汽车被列入了未来十年国家重点突破和发展领域之一。

图2.27　中国制造2025

文件中明确指出：

① 到2020年，掌握智能辅助驾驶总体技术及各项关键技术，初步建立智能网联汽车自主研发体系及生产配套体系。

② 到2025年，掌握自动驾驶总体技术及各项关键技术，建立较完善的智能网联汽车自主研发体系、生产配套体系及产业群，基本完成汽车产业转型升级。

《中国制造2025》

文件核心内容是通过三步走实现制造强国的战略目标：第一步，到2025年迈入制造强国；第二步，到2035年中国制造业整体达到世界制造强国阵营中等水平；第三步，到新中国成立一百年时，综合实力进入世界制造强国前列。

其中，纯电动汽车和插电混合动力汽车、燃料电池汽车、节能汽车、智能网联汽车是《中国制造2025》指出的重点发展领域。

2017年4月，工信部、发改委、科技部联合印发了《汽车产业中长期发展规划》，明确了智能网联汽车为汽车产业转型升级的突破口，提出了：

① 2020年智能网联汽车要与国际同步发展。

② 2025年智能网联汽车要进入世界先进行列。

《汽车产业中长期发展规划》智能网联汽车推进工程

推进智能网联汽车技术创新，着力推动关键零部件研发，重点支持传感器、控制芯片、北斗高精度定位、车载终端、操作系统等核心技术研发及产业化。

组织开展应用试点和示范，完善测试评价体系、法律法规体系建设。

文件中提出，到2020年，汽车DA（驾驶辅助）、PA（部分自动驾驶）、CA（有条件自动驾驶）系统新车装配率超过50%，网联式驾驶辅助系统装配率达到10%，满足智慧交通城市建设需求。到2025年，汽车DA、PA、CA系统新车装配率达80%，其中PA、CA系统新车装配率达25%，高度和完全自动驾驶汽车开始进入市场。

2020年2月，发改委等十一个部委联合发布了《智能汽车创新发展战略》，是我国针对智能网联汽车专有的顶层设计文件。文件中明确地提出了清晰的战略愿景。

① 2025年，中国标准智能汽车的技术创新、产业生态、基础设施、法规标准、产品监管和网络安全体系基本形成。

② 2025年，实现有条件自动驾驶的智能汽车达到规模化生产，实现高度自动驾驶的智能汽车在特定环境下市场化应用。

③ 2025年，智能交通系统和智慧城市相关设施建设取得积极进展，车用无线通信网络（LTE-V2X等）实现区域覆盖，新一代车用无线通信网络（5G-V2X）在部分城市、高速公路逐步开展应用，高精度时空基准服务网络实现全覆盖。

④ 2035年到2050年，中国标准智能汽车体系全面建成、更加完善。安全、高效、绿色、文明的智能汽车强国愿景逐步实现，智能汽车充分满足人民日益增长的美好生活需要。

《中国制造2025》《汽车产业中长期发展规划》以及《智能汽车创新发展战略》三大顶层设计文件，从不同的角度指明了我国智能网联汽车（无人驾驶）的战略方向以及核心目标。

（2）标准体系建设：纳入车联网框架

智能网联汽车是一项系统工程，涉及到汽车、电子、信息通信、道路交通等多个领域，因此，智能网联汽车的标准体系建设宏观上被纳入到了2018年6月发布的《国家车联网产业标准建设指南》中。

> **车联网，《国家车联网产业标准建设指南》**
>
> 车联网产业是依托信息通信技术，通过车内、车与车、车与路、车与人、车与服务平台的全方位连接和数据交互，提供综合信息服务，形成汽车、电子、信息通信、道路交通运输等行业深度融合的新型产业形态。
>
> 车联网产业是汽车、电子、信息通信、道路交通运输等行业深度融合的新型产业，是全球创新热点和未来发展制高点。

《国家车联网产业标准建设指南》按照汽车、通信、电子、交通和公安五大行业属性划分，分为了智能网联汽车、信息通信、电子产品与服务、智能交通、车辆智能管理五大部分，如图2.28所示。

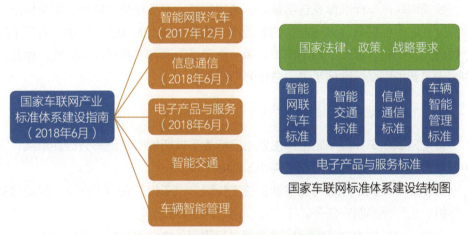

图2.28 **国家车联网标准体系五大组成部分**

这五部分整体上依照国家法律、政策和战略要求，其中智能网联汽车、智能交通、信息通信以及车辆智能管理四个模块相互独立，而电子产品与服务作为通用模块，贯穿于上述四个模块中。

其中，智能网联汽车标准体系是整个车联网标准体系最重要组成部分，已经在2017年12月发布，总体思路以汽车为重点和以智能化为主、兼顾网联化。

图2.29所示为智能网联汽车标准体系。

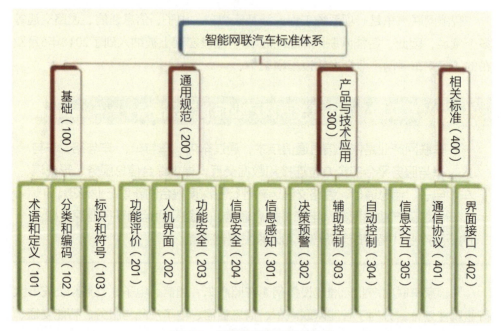

图2.29　智能网联汽车标准体系

智能网联汽车标准体系包括基础、通用规范、产品与技术应用、相关标准四大部分。同时根据各具体标准在内容范围、技术等级上的共性和区别，对四个部分做进一步细分，形成了14个子类，每一个子类下面都有相对应的标准。由此，构建出了智能网联标准体系表，总计95项标准。

（3）标准制定组织以及总体目标

智能网联汽车标准制定工作主要由汽标委下属智能网联汽车分标委牵头，于2017年12月底正式启动，组织架构如图2.30所示。

分标委下设立了先进驾驶辅助系统工作组、汽车信息安全工作组、自动驾驶工作组，进行标准制定任务。

另外，分标委设立了国际标准法规对口研究与协调专家组，组织国内企业参与联合国的国际标准法的协调活动；同时也设立了海外专家咨询委员会，为中国标准体系提供建议。

智能网联汽车标准制定了两个目标：

① 2020年，初步建立支撑驾驶辅助及低级别自动驾驶的标准体系，制定30项以上重点标准，涵盖功能安全、信息安全、人机界面等通用技术以及信息感知与交互、决策预警、辅助控制等与核心功能相关的技术要求和试验方法。

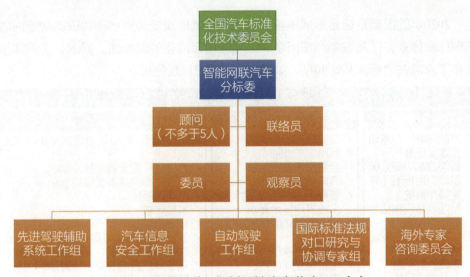

图2.30 智能网联汽车分标委组织架构（2017年）

② 2025年，系统形成支撑高级别自动驾驶的标准体系，制定100项以上标准，涵盖智能化自动控制、网联化协同决策技术以及典型场景下自动驾驶功能与性能相关的技术要求和评价方法。

（4）标准制定进展

智能网联汽车标准制定的大致流程是，预研—立项—起草制定—审查—报批—发布，标准的制定周期相对较长，目前大部分智能网联汽车标准到目前仍处于预研和立项的状态。

工信部每年都会发布智能网联汽车标准体系的工作重点，2020年是第一个阶段目标的收官之年，这里以2020年为例，工信部在2020年工作要点中提出了2个重要目标以及4项工作要点（见图2.31）。

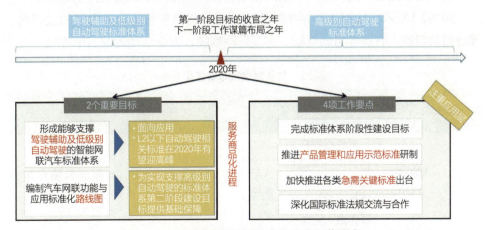

图2.31 2020年智能网联汽车标准化工作要点

2020年的重要目标是形成能够支撑起驾驶辅助及低级别自动驾驶的智能网联汽车标准体系，以及编制汽车网联功能与应用标准化的路线图。同时，工信部也公布了急需关键标准共计30项，如图2.32所示的标红色项。

急需标准涉及三大类		
基础通用类	智能化	网联化
✓ 智能网联汽车术语及定义标准 ✓ 智能泊车功能分级 ✓ 基础通用标准（车用操作系统） ✓ 智能网联汽车信息分类与代码 ✓ 数据结构及传输格式 ✓ 车载计算平台 ✓ 车载高速网络 ✓ 高性能信息处理单元	✓ 驾驶员注意力监控系统 ✓ 商用车车道保持辅助系统 ✓ 全景影像监测系统 ✓ 汽车夜视系统 ✓ 智能网联汽车自动驾驶系统通用技术要求 ✓ 自动驾驶功能场地测试方法 ✓ 抬头显示系统 ✓ 组合驾驶辅助系统 ✓ 自动驾驶仿真和实际道路测试方法 ✓ 自动驾驶人机交互	✓ 基于LTE-V2X直连通信的车载信息交互系统 ✓ 汽车信息安全通用技术要求 ✓ 车载信息交互系统信息安全 ✓ 汽车诊断接口 ✓ 风险评估 ✓ 应急响应 ✓ 智能网联汽车与移动终端信息交互功能 ✓ 基于网联通信的安全预警系统 ✓ 智能网联汽车数字证书 ✓ 车用密码 ✓ ISO 21434《道路车辆-信息安全工程》 ✓ ISO 20077《道路车辆-网联车辆方法论》

图2.32　2020年智能网联汽车急需关键标准一览

2.3.2　解析中国无人驾驶技术路线图

本节阅读难度：★★

发展无人驾驶汽车的另一项重点工作是制定技术路线图，这项工作由中国汽车工程学会和中国汽车工业协会牵头成立的中国智能网联汽车产业创新联盟完成。

2016年10月，联盟正式发布了第一版《智能网联汽车技术路线图》。

（1）两个维度的分级

技术路线图将智能网联汽车按照智能化和网联化两个维度进行了分级。

如表2.5所示，依照人与系统的职责分工，将汽车智能化分为了驾驶辅助、部分自动驾驶、有条件自动驾驶、高度自动驾驶、完全自动驾驶五个等级。

表2.5　智能网联汽车智能化分级

智能化等级	等级名称	等级定义	控制	监视	失效应对	监控驾驶环境	工况
1	驾驶辅助（DA）	系统根据环境信息执行转向和加减速中的一项操作，其他驾驶操作由人完成	人与系统	人	人	人	○ 常规车道行驶 ○ 高速公路无车道干涉 ○ 泊车

续表

智能化等级	等级名称	等级定义	控制	监视	失效应对	监控驾驶环境	工况
2	部分自动驾驶（PA）	系统根据环境信息执行转向和加减速操作，其他驾驶操作由人完成	人与系统	人	人	人	○ 高速公路无车道干涉 ○ 市区无车道干涉 ○ 换道、环岛、绕行、拥堵跟车
3	有条件自动驾驶（CA）	系统完成所有驾驶操作，根据系统请求，驾驶员需要提供适当的干预	系统	系统	人	系统	○ 高速公路正常行驶 ○ 市区无车道干涉
4	高度自动驾驶（HA）	系统完成所有驾驶操作，特定环境下系统会向驾驶员提出响应请求，驾驶员可对系统请求不进行响应	系统	系统	系统	系统	○ 高速公路全部工况 ○ 市区有车道干涉
5	完全自动驾驶（FA）	系统可以完成驾驶员能够完成的所有道路环境下操作，不需要驾驶员介入	系统	系统	系统	系统	○ 所有工况

如表2.6所示，依照获取信息和传输需求不同，将汽车网联划分为了网联辅助信息交互、网联协同感知、网联协同决策与控制三个等级。

表2.6 智能网联汽车网联化分级

网联化等级	等级名称	等级定义	控制	典型信息	传输需求
1	网联辅助信息交互	基于车—路、车—后台通信，实现导航等辅助信息的获取以及车辆行驶数据与驾驶员操作等数据的上传	人	地图、交通流量、交通标志、油耗、里程等信息	传输实时性、可靠性要求较低

续表

网联化等级	等级名称	等级定义	控制	典型信息	传输需求
2	网联协同感知	基于车—车、车—路、车—人、车—后台通信，实时获取车辆周边交通环境信息，与车载传感器的感知信息融合，作为子车决策与控制系统的输入	人与系统	周边车辆/行人/非机动车位置、信号灯方位、道路预警等信息	传输实时性、可靠性要求较高
3	网联协同决策与控制	基于车—车、车—路、车—人、车—后台通信，实时并可靠获取车辆周边交通环境信息及车辆决策信息，车—车、车—路等各交通参与者之间信息进行交互融合，形成协同决策与控制	人与系统	车—车、车—路间协同控制信息	传输实时性、可靠性要求最高

（2）总体技术路线

基于两个维度的分级，制定了智能网联汽车总体技术路线，如图2.33所示。

① 起步期（2016—2020年）。DA、PA、CA新车装配率超过50%，网联式驾驶辅助系统装配率达到10%，满足智能交通城市建设需求。

具体来看，2016年到2017年，实现驾驶辅助功能，包括自适应巡航、自动紧急制动、车道保持、辅助泊车；2018年到2019年，实现部分自动驾驶，包括车道

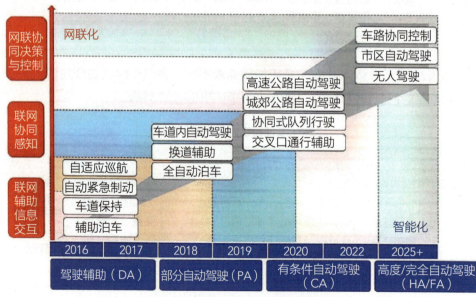

图2.33 智能网联汽车总体技术路线图

内自动驾驶、换道辅助、全自动泊车。

② 发展期（2021—2025年）。DA、PA、CA系统新车装配率达80%，其中PA、CA系统新车装配率达25%，HA（高度自动驾驶）、FA（完全自动驾驶）开始进入市场。

具体来看，2020年到2022年，实现有条件自动驾驶，包括高速公路自动驾驶、城郊公路自动驾驶、协同式队列行驶、交叉口通行辅助。

③ 成熟期（2026—2030年）。DA及以上级别的智能驾驶系统成为新车标配，汽车联网率接近100%，HA、FA系统新车装配率达到10%。

具体来看，2025年之后，实现高度及完全自动驾驶，包括车路协同控制、市区自动驾驶以及最终的无人驾驶。

（3）技术构架："三横两纵"到"三横三纵"

在总体的技术路线框架下，对智能网联汽车中各项关键技术进一步进行识别和划分，可以得到"三横两纵"的技术架构，如图2.34所示。

"三横"主要指智能网联汽车涉及的车辆/设施、信息交互与基础支撑三大领域的关键技术，每一领域的技术又分为了不同的技术。

"两纵"主要指支撑智能网联汽车发展的车载平台和基础设施条件，基础设施指除了车载平台外，支撑智能网联汽车发展的所有外部环境条件，例如道路、交通、通信网络等。

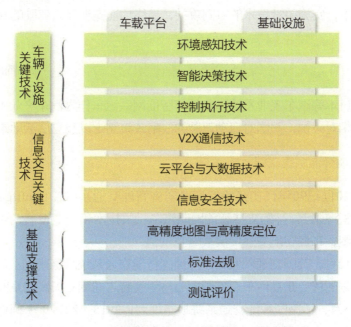

图2.34　智能网联汽车"三横两纵"技术架构

随着对智能网联汽车技术架构理解的不断加深，车载架构及应用场景的重要程度愈加凸显出来。经过联盟专家讨论，进一步对原技术架构进行了补充，提出如图2.35所示"三横三纵"的新技术架构。

在新技术架构中，"三横"保持不变，在车辆关键技术中补充了人机交互和电子电气架构两项。

"三纵"强调智能网联汽车的主要应用场景，即公路自动驾驶汽车、城区自动驾驶汽车、共享自动驾驶

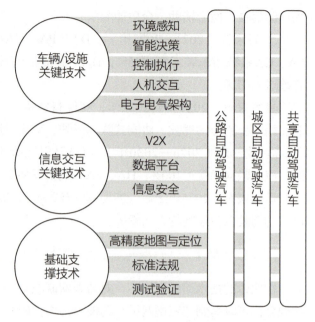

图2.35　智能网联汽车"三横三纵"技术架构

车。新"三纵"并非对原车载平台和基础设施"两纵"的否定，而是对车载平台依据应用场景做了进一步的细化。

智能网联汽车技术路线的制定，有利于凝聚产业共识，促进资源聚集，在同一顶层架构下，实施关键技术的协同攻关，最终加速实现无人驾驶的商业落地。

2.3.3　美国无人驾驶发展战略、指南和立法

本节阅读难度：★

美国、日本等汽车工业发达国家都将智能网联汽车作为汽车产业未来发展的重要方向。相对来说，美国对自动驾驶的战略政策制定以及立法活动走在前列。

（1）智能交通系统战略

美国从20世纪90年代初开始，通过实施智能交通系统（Intelligent Traffic System，ITS）项目，开始支持智能网联汽车相关技术和产业发展，该项目以五年规划为蓝图，布局智能交通发展战略。

2009年12月，美国交通部发布了《美国智能交通系统战略规划：2010—2014年》，该计划的核心是在汽车、控制中心与驾驶者之间建立无线联系网络。

2014年5月，《美国智能交通系统战略规划：2015—2019年》问世，该版本战略计划聚焦两大发展主题：实现网联汽车和推进自动化驾驶，将智能交通系统

技术分为研究、开发、应用三个生命周期。

2020年3月，美国交通部发布了《美国智能交通系统战略规划：2020—2025年》，该版本强调了对新兴技术的识别，同时要推进数据共享和保障网络安全，更重要的是，明确了要从自动驾驶推广到全链条出行服务，实现全生命周期发展。

如果说2010—2014版强调交通工具间的连通性，那么2015—2019版更加重视汽车本身的自动化以及基础设施的互联互通，2020—2025版则强调从智能网联单点突破到新兴科技的全面创新布局，完善了基于技术生命周期的发展策略。

三个版本的战略规划各有侧重，并不断演进，具体如表2.7所示。

表2.7 美国智能交通系统战略规划发展历程

规划	2010—2014版	2015—2019版	2020—2025版
愿景	为美国提供一个全国性的互联交通系统	整合交通与其他社会公共服务，改变社会的运转方式	加快普及智能交通系统的应用，改变社会的前进方向
使命	为国家提供具有互联性的交通基础系统、技术和应用程序	进行智能交通系统研发和推广，促进信息和通信技术应用	推进智能交通系统开发和使用，有效地运送人员和货物
技术生命周期	无	研究、发展、应用三个阶段	确认和评估、协调和牵头研发、价值阐述、应用推广、应用维护五个阶段
战略重点	交通工具间连通	汽车自动化和基础设施互通互联	基于整个技术生命周期闭环发展

美国联邦政府在近20多年的时间内，依照规划，投资与智能交通系统的预算高达400亿美元，其发展与建设纳入包括美国联邦政府在内的各级政府基本投资计划之中，大部分资金由美国联邦、州和各级地方政府提供。同时，也注重调动私营企业和行业协会参与投资的积极性。

（2）自动驾驶指南1.0到4.0

除了在智能交通系统层面的宏观考量，美国政府专门针对自动驾驶出台了技术安全以及创新指南。

2016年9月，美国交通运输部发布自动驾驶指南1.0版本，即《联邦自动驾驶汽车政策：驾驶道路安全变革》，开始明确自动驾驶设计开发、测试和运行的相关要求。

一年之后，发布2.0版本，即《自动驾驶系统：安全愿景2.0》，开始鼓励各州为自动驾驶技术的测试和部署扫除法律障碍,并向各州提供技术支持和解决方案。

2018年10月,美国交通部发布了《为未来交通做准备:自动驾驶汽车3.0》,即3.0版本,定义了地面交通智能化的指导原则,要提升多模式的安全性,并减少政策不确定性。

2020年1月,在特朗普政府的主导下,美国白宫和交通部发布了《确保美国在自动驾驶汽车技术方面的领先地位:自动驾驶4.0》。4.0版本提出美国发展自动驾驶汽车技术的十项原则,汇总了近40个部门在推动自动驾驶发展方面的努力。

从1.0到4.0不断升级中,美国对自动驾驶态度逐步由保守转为开放,政策体系不断丰富,政府部门监管力量逐步弱化,更多依靠市场推动其发展,极大地促进了美国自动驾驶技术的发展。

(3)自动驾驶立法"一波三折"

事实上,为了争夺自动驾驶的红利,美国各州很早就开启了自动驾驶的立法活动。据统计,至2018年5月,美国有22个州和哥伦比亚特区通过了自动驾驶法律,但各州法律其对驾驶员的认定、自动驾驶车辆标准并不相同。

另外,有10个州以州长名义发布了有关自动驾驶的行政命令,另有10个州的立法处于审议阶段,剩余8个州还未开展相关立法活动。

各州大相径庭的法律规定及立法进展,耗费相关厂商大量的精力用于制定符合要求的测试车辆,极大地增加了成本。因此,在联邦层面立法,打破州与州的界限,促使各州采用统一规则,将大大提高自动驾驶测试的效率和普及速度。

2017年9月,美国众议院通过了《自动驾驶法案》,该法案修订了美国交通法典,规定了美国国家公路交通安全管理局(NHTSA)的监管权限,成为全美首部旨在确保自动驾驶汽车的安全、研发、生产、测试及发布的专门法案,具有标杆意义。

但是,这一法案却遭到了美国一些地方官员的抵制,他们担心这将限制地方层面监管车辆安全的能力。为此,美国参议院提出了一项互补性法案,名为"AV START",得到了包括通用、福特、谷歌等企业大力支持,他们期望该法案能在2018年通过国会的立法程序。2018年下半年,美国州长协会、美国州立法人员全国大会等团体致信美国国会领导人,称该法案侵犯了各州的权利,给汽车制造商提供了过度自由的空间,同时也不足以解决安全顾虑,该法案遭到参议院的搁置。美国联邦层面的自动驾驶立法工作也陷入了停滞状态。

美国自动驾驶法律最终如何形成?

对于参议院和众议院各自提交的法案，将经由两院联席会议对各自提出的方案进行协商修改，如两院代表在会中达成共识并形成统一文本，那么该文本将再次在两院进行表决，表决通过后，最后交美国总统签署，成为正式法律。

可以看出，对于自动驾驶这样的开放性技术，短期内在美国国家层面出台统一的法律很难。不过，让包括车企、研究机构、普通民众、监管部门等利益各方参与进来，经过广泛讨论和形成一致意见。在这样的开放的过程中，也有利于提前建立公众与自动驾驶之间的信任。

需要指出的是，目前我国对自动驾驶的立法，主要集中在自动驾驶车辆的路测方面，且尚处于部门规范性文件层面，法律法规层面的修订或者立法安排未排上日程。

如图2.36所示，为汇总了美国在无人驾驶汽车发展战略、指南以及立法三个层级相关活动的图片。

图2.36　美国无人驾驶发展战略、指南和立法

2.3.4　全球部分国家无人驾驶相关政策探索　　本节阅读难度：★

（1）日本：定义责任归属和保险赔偿

日本是一个劳动力短缺和人口老龄化日益严重的国家，根据日本战略革新创造计划（SIP），自动驾驶技术是对日本社会、经济、产业竞争力有重大影响的重点发展领域之一。

日本对自动驾驶寄予厚望，在智能交通系统推广、自动驾驶路线图、责任归属、保险赔偿以及商业化运行等方面，日本都走在了世界前列。

① 智能交通系统以及路线图。早在20世纪70年代，日本就开始组织开展对智能交通系统的研究，建设省作为日本政府最大投资者，在1999年和2000年投入了1453亿日元（约96亿元人民币）用于智能交通系统的开发。

2000年，日本全国均已应用车辆信息与通信系统，2003年，智能公路在日本出现。日本是世界上智能交通系统应用最为广泛的国家，体系已经相当完备和成熟。

2017年5月，日本内阁发布了《官民ITS构想及路线图》，提出了2020年在高速公路上实现有条件自动驾驶，同时，在2020年的东京奥运会上，推进下一代交通系统的实用化。

② 责任归属和保险赔偿。2018年3月，日本提出了《自动驾驶相关制度整备大纲》，其中最引人注目的是界定了有条件自动驾驶发生事故时的责任，原则上由车辆所有者承担，车企责任仅限于当汽车系统存在明确缺陷时。因系统被黑客入侵而发生事故时，这种情况适用政府救济制度，由政府进行赔偿。针对于发生事故的赔偿，日本最大的东京海上日动火灾保险宣布，从2017年4月，自动驾驶期间交通事故列入汽车保险赔付对象，这是日本国内首例以自动驾驶为对象的保险。

③ 商业运营。日本的丰田、本田、日产等车企的全自动驾驶汽车也已经开始投入商业运营。目前，全自动驾驶出租车已经在东京和横滨等城市上街载客（见图2.37）。

日本政府计划能够保证在东京，至少有5000辆全自动驾驶出租车行驶。

（2）维也纳道路交通公约修订

依据1968年制定的联合国《维也纳道路交通公约》，无论是马还是汽车，驾驶员均需要时刻掌控着交通工具。

此公约共有70余个缔约国，其中包括大部分欧洲国家和少部分美洲国家，但不包括中国、美国和日本。

图2.37 东京街头试验运营中的自动驾驶出租车

这一条款直接导致欧洲汽车公司无法在欧洲本土开展自动驾驶汽车测试，也因此被视为自动驾驶部署研发的最大法律障碍。

2016年，联合国认可了自动驾驶技术可以纠正人为失误，降低交通事故发生率，同时有助于发展环保节能的优势，并于2016年3月通过了维也纳公约的修订案。

修订案允许车辆自动驾驶技术可以被应用于交通运输中，驾驶员可以将车辆的驾驶职责交给自动驾驶系统，但是车辆须全面符合联合国车辆管理条例以及驾驶员可以人工选择关闭自动驾驶系统。这为自动驾驶在交通运输中的应用清除了障碍。

（3）德国：首部法律和伦理原则

德国于2016年批准了修订后的《维也纳道路交通公约》在德国的适用，随即于2017年5月，德国联邦参议院通过了《道路交通法第八修正案》，着眼于为该原则的实施进一步提供国内法律基础。

该修正案对自动驾驶的定义、驾驶人的责任、事故的赔偿额度、驾驶数据的记录等进行了原则性规定，这是德国有关自动驾驶的首部法律。法律要求为：

① 测试汽车必须保留方向盘、油门和刹车等配置，全程有驾驶员坐于方向盘前，以便在紧急情况下能够第一时间接管操控。

② 汽车必须装备类似飞机"黑匣子"的设备，用于记录测试过程中进行的全部操作数据。一旦发生任何程度的事故，通过读取数据即可明晰交通事故责任。

③ 人类驾驶的情况下发生事故，由驾驶员承担交通事故责任。如果是自动驾驶系统原因引发的事故，由汽车制造商承担责任。

④ 对汽车保险的最高赔偿金额予以大幅提升。

2017年9月，德国联邦交通部的伦理委员会率先研究提交了世界上第一份自动驾驶伦理指导原则，十分具有参考意义。其核心要点是：

① 当系统引发的事故少于人类司机时，常理上需要应用自动与互联驾驶。

② 人身损失优于财物损失，即在危险情况下，保护人类生命始终拥有最高优先权。

③ 当发生不可避免的事故时，不可根据行车者的个人特征（年龄、性别、身体或精神状况）做出鉴定。

④ 所有的驾驶情况必须有清楚的规定，并能明确驾驶责任方是人或电脑。对此必须有记录并存储下来。

⑤ 司机必须能够自己决定驾驶数据的转交和使用（数字主权）。

（4）其他国家：不断探索

表2.8汇总了一些国家在自动驾驶测试、标准和立法层面的现状。

表2.8　部分国家有关自动驾驶测试、标准以及立法等方面的现状

国家	现状
英国	发布《无人驾驶汽车测试运行规则》《网联自动化车辆网络安全关键原则》，高速公路上测试无人驾驶汽车，保险条例和汽车法规修改
法国	发布《无人驾驶汽车发展路线图》，全国道路向无人汽车开放
澳大利亚	探讨自动驾驶汽车安全治理的监管方案
加拿大	允许路测，启动立法论证
荷兰	全球第一个自动驾驶巴士上路的国家，自动驾驶成熟度很高
新加坡	自动驾驶汽车一定范围内测试，无人驾驶出租车试点
韩国	启动修订现行道路交通法规

2.4 从机器学习到深度学习,人工智能逐步走向应用

本节阅读难度: ★★★

深度学习代表了当今人工智能发展的主流方向,从机器学习到深度学习,人工智能逐步进入了应用阶段。

这里用"白话"语言介绍机器学习、深度学习以及两者的区别,为之后无人驾驶的知识做一个铺垫。

(1) 机器学习:模拟人类思考

让计算机来模拟人类学习,称为机器学习,英文名称为Machine Learning。

传统地我们让计算机工作,一般会输入一串程序和代码,计算机会根据程序计算出答案,也就是在传统的

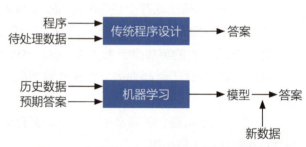

图2.38 机器学习与传统程序设计的逻辑结构

程序设计中,输入的是一串程序和需要根据这些程序进行处理的数据,系统输出的是答案;而机器学习不同,输入的是历史数据和从这些数据预期得到的答案,系统输出的是一个模型,随后再利用这个模型,输入新的数据,再生成答案,其逻辑结构如图2.38所示。

机器学习的基本步骤:录入数据,计算得到一个结果,与实际情况进行对比,如果发生错误,机器会优化模型,重新计算,新的结果再进行对比,不断重复,同时,错误将被机器记录下来,避免犯同样的错误。

从本质上来说,机器学习就是在错误中学习。

机器学习的思想并不复杂,仅仅是对人类学习过程的一个模拟,如图2.39所示。

图2.39 机器学习与人类思考

在生活学习过程中，往往会积累很多"经验"，通常会将这些"经验"进行归纳，得到一个"规律"。当遇到"新的问题"时，往往就会使用这个"规律"，对未来出现的情况进行预测，从而指导决策和行动。

同样的道理，在机器学习中，首先需要的历史数据，对应"经验"；将这些数据提供给一个机器学习的算法，得到一个能反应输入与输出规律或者联系的模型，这个过程称为训练；随着训练次数越来越多，模型越来越精确，这个时候输入新数据，就可以通过这个模型来预测了。

训练产生模型，模型用于预测。

由此可见，实现机器学习有几个关键点：

① 需要找到一个模型，可以用机器去表示出来，也就是怎么把现实生活中的问题，提炼成一个机器学习的问题，这需要对问题本身有深刻的洞察。

② 可以获取到数据。

③ 在训练过程过程中，需要不断衡量错误的大小，判断模型预测的结果与真实值之间的差异，优化模型，让错误越来越小。

（2）机器学习的分类

一般机器学习可以分为四大类：监督学习、无监督学习、强化学习、迁移学习。

这里用通俗的语言进行解释：

① 监督学习。让机器做一堆选择题，同时提供标准答案，机器努力训练模型，希望预测的答案与提供的标准答案是一致的。

② 无监督学习。让机器做一堆选择题，但不提供标准答案，机器努力分析题目间的关系，对题目进行分类，机器也不知道标准答案是什么，但机器认为每一类别的题答案是相同的。

③ 强化学习。让机器做一堆选择题，但不提供标准答案，但会有第三方老师判定机器做的对不对，对的越多，奖励越多；机器努力训练模型，希望预测的答案能够得到更多的奖励（达到目标得到正向反馈）。

④ 迁移学习。把机器已经训练好的模型迁移到新模型来帮助新模型的训练。

对应不同机器学习的分类，如何用数学方法构造模型以供机器训练，产生了不同的算法，比较出名的有决策树、贝叶斯分析、支持向量机等，这里不再深入探讨。

（3）深度学习：根植于人工神经网络

深度学习，英文名称为Deep Learning，深度学习是机器学习的一个分支。

📖 深度学习，究竟深在什么地方？

深度学习最初概念来源于对人工神经网络的研究。人的大脑是由数以千亿的神经元组成，神经元主要包括细胞体和突起两个部分，神经元通过突触相互连接着，形成了人类大脑的神经网络。

神经元的突起包括一条长而分支少的称为轴突，数条短而呈树状的分支称为树突，人的视觉、听觉、思考等行为通过树突刺激神经元，神经元受刺激后能产生兴奋，再通过轴突把兴奋传导到其他神经元，即兴奋的传导方向为，树突→细胞体→轴突，神经元的结构如图2.40所示。

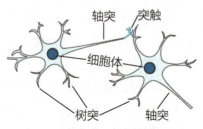

图2.40 神经元的结构

而深度学习的基础——感知机（Perceptron），其灵感就来自于人脑的神经元结构。感知机是最简单的决策机器，就好比一个神经元，也有树突和轴突。

树突负责数据输入，轴突根据输入是否超过一定的阈值决定传不传递兴奋，放不放电。

如图2.41所示，为一个简单的神经网络的逻辑结构，分成输入层、隐藏层和输出层。输入层负责接收信号，隐藏层负责对数据进行处理，处理的结果被整合到输出层。每层中的一个圆代表一个神经元，也叫做节点，若干个神经元组成了一个层，若干个层再组成了一个网络，就组成了"神经网络"。

而深度学习，就是基于神经网络模型发展而来，而它的"深"就体现在模型的层数以及每一层节点数量的多少。

根据生物学研究，一个成年人的大脑拥有1000亿多个神经元，而目前最先进的人工神经网络只包含10亿多个神经元。

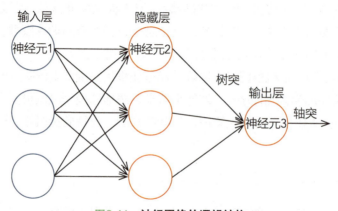

图2.41 神经网络的逻辑结构

（4）深度学习 VS. 机器学习：学习特征

这里通过对比深度学习和机器学习，再次加深对它们的理解。

可以把机器学习看成是一种通用型技术，其包括了决策树、贝叶斯分析、支持向量机等算法，也包括神经网络算法。而深度学习深耕于神经网络算法，基于深度学习算法衍生出了深度卷积网络、深度循环网络、递归网络等。

相比于机器学习，深度学习的主要优势在于特征提取，机器学习需要手动提取相关特征，而特征工程往往非常繁琐。

> **特征**
>
> 特征，英文Feature，即事物的某些特性，并且可以用来作判断。
>
> 机器学习很大部分工作就是从输入的数据中提取出有用的特征，将其转换为算法需要的数据形式，而特征工程，就是最大限度地从原始数据中提取特征以供算法和模型使用。
>
> 有这么一句话在业界广泛流传：数据和特征决定了机器学习的上限，而模型和算法只是逼近这个上限而已。

而深度学习可以自动学习到特征，从而减少了人为设计特征造成的不完备性，机器学习和深度学习的流程如图2.42所示。

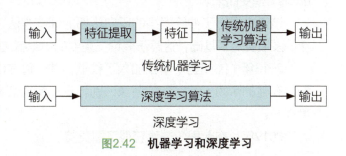

图2.42　**机器学习和深度学习**

深度学习会堆叠多个层次，这一层的输出作为下一层的输入。

假设有一个输入，设计了一个模型（有N个层次），通过训练模型，使得输出仍然是输入，即Input＝Output，那么就可以自动获取输入的一系列层次特征了。有时候输出完全等于输入这个限制太严格，只要使得输入与输出的差别尽可能小即可，这就是深度学习的基本思想。

机器学习比较擅长分析维度比较低、层次少的任务，而深度学习擅长分析高维度、多层次的数据，比如图像、语音等。

深度学习虽能自动学习特征，达到很好的识别精度，但其工作前提是，能够获得"相当大"量级数据，而数据很小时，深度学习算法就会表现不佳。数据量大也意味着计算量大,需要好的硬件基础进行支撑。

(5) 2006年,人工智能逐步走向应用

机器学习和深度学习是人工智能领域最先进的技术,特别是随着计算机硬件水平的提升和大数据的发展,深度学习得到大大发展,代表了当今人工智能的发展方向。

2006年,多伦多大学教授杰弗里·辛顿(Geoffrey Hinton)提出了反向传播算法和对比散度算法,即深度学习,突破了明斯基在半个世纪前提出的神经网络存在的局限。

深度学习在无人驾驶汽车、人工智能主力、语音识别、图像识别、自然语言理解等方面对工业界产生了巨大影响,人工智能也逐步走向了应用阶段。

> **杰弗里·辛顿**
>
> 加拿大多伦多大学特聘教授,被誉为"深度学习之父"。
>
> 一般听说过的几乎每一个关于人工智能技术的进步,大部分是由30多年前(1986年)的一篇论文《Learning representations by back-propagating errors》演变而来。
>
> 该论文提出了神经网络的反向传播的训练方法,为人工智能在最近十年的发展奠定了基础,这篇研究论文重要的贡献者之一就是杰弗里·辛顿。
>
> 2013年,杰弗里·辛顿加入了谷歌,并一直在Google Brain中担任要职。在他的带领下,谷歌的图像识别和安卓系统音频识别的性能得到大幅度提升。
>
> 2019年,杰弗里·辛顿获得了图灵奖。

2.5 无人驾驶的初期尝试

是谁推动了无人驾驶最初的商业化运行,答案是谷歌(Google)。

2.5.1 谷歌无人车项目秘密成立   本节阅读难度:★

谷歌对无人驾驶的技术开发始于谷歌X实验室。

谷歌X实验室

谷歌X实验室是谷歌成立的秘密研发机构和组织,由联合创始人谢尔盖·布林(Sergey Brin)领导,X实验室的使命是发明并推出"Moonshot"技术,使世界变得更加美好。

2015年10月2日,在Google完全重组为Alphabet后,谷歌X成为独立Alphabet公司,并更名为X。

谷歌X实验室的项目包括了Google Glass(谷歌眼镜)、Loon(气象气球将互联网扩展到偏远地区)、Makani(可产生能量的风筝)、Wing(无人机货物运输机)、Space Elevators(太空电梯)、Tweeting Refrigerators(鸣叫冰箱)等项目。

2005年,斯坦福大学人工智能实验室主管塞巴斯蒂安·特伦(Sebastian Thrun)的团队在美国第二届DARPA无人驾驶挑战赛中获得了冠军。

2007年,先知先觉的谷歌收购了整个特伦团队,当时特伦正在开发数字地图技术,该技术可以帮助谷歌完善其街景项目。

2008年,谷歌启动了"地面真相"(Ground Truth)项目,即通过从卫星和街景中提取数据,来创建准确路线图,这为谷歌无人驾驶计划奠定了基础。

2009年初,无人车项目(Project Chauffeur)在谷歌X实验室秘密启动,直到一年之后,2010年10月,被《纽约时报》报道有七辆谷歌无人车在进行道路测试,谷歌才正式对外宣布了其无人驾驶的计划。

谷歌最初以六辆丰田普锐斯和一辆奥迪TT在加利福尼亚州的山景城开展其项目,如图2.43所示。这些汽车使用GPS和激光雷达传感器来感知周围的环境,为了提高安全冗余,每辆上都配备了安全员。

图2.43 谷歌基于丰田普锐斯改装的无人驾驶汽车

到2010年,谷歌的无人驾驶汽车已经行驶了22万多公里。

2011年,谷歌将其自动驾驶技术从丰田转向了雷克萨斯,采用23辆雷克萨斯RX450H SUV汽车(图2.44)进行道路测试,一年后,谷歌宣布已经拥有超过48万公里的自动驾驶里程。

2012年,谷歌开始在城市街道进行测试,并在2014年4月宣布,测试车辆已经可以应对数千

图2.44 谷歌基于雷克萨斯改装的无人驾驶汽车

种城市困境情况。

有意思的是，2014年5月，谷歌制造了自己的无人驾驶汽车，起名为"萤火虫"。如图2.45所示，"萤火虫"没有刹车，没有方向盘，没有油门踏板，只需一个按钮就可以启动它。该车主要用作实验和学习，而不是量产。

2016年12月，谷歌无人车项目正式从X实验室"毕业"，正式成为Alphabet的子公司，取名Waymo，意为一种新的出行方式（A new way forward in mobility）。

图2.45　谷歌无人驾驶汽车"萤火虫"

2018年年底，无人驾驶出租车Waymo One正式推出市场，标志着经过十年的磨砺，谷歌的无人驾驶汽车正式商业化运行。

谷歌首次承认无人驾驶汽车交通事故需要负责

2016年2月，谷歌一辆基于雷克萨斯改装的无人驾驶汽车在加州山景城（Mountain View）街头测试。

在谷歌无人驾驶汽车试图绕开道路上的沙袋，向左并入道路中央时，与一辆巴士右侧方相撞，导致谷歌无人驾驶汽车左前翼子板、左前轮和驾驶侧传感器受损（图2.46），所幸双方车辆中没有人员受伤。

图2.46　交通事故后的谷歌无人驾驶汽车

谷歌无人驾驶汽车上路测试以来，已经发生过十几次小碰撞，这次事故是谷歌首次承认无人驾驶汽车负有责任。

谷歌在事后报告中称，当时无人驾驶汽车认为巴士将减速等待，但巴士也觉得无人驾驶汽车将等候其通过。报告中说，"我们总是试图预测对方的行动，在这起事故中，我们很明显负有一定责任，因为如果我们的车辆不动，那么就不会发生碰撞。"

这次交通事故导致了谷歌在无人驾驶汽车研发方面进一步放低了姿态。

2.5.2 中国开启智能车未来挑战赛

本节阅读难度：★

美国举办的DARPA无人驾驶挑战赛极大地促进了无人驾驶技术走出实验室，进入公众视野，并逐步走向商业化。

受此启发，中国国家自然科学基金委员会在2008年启动了视听觉信息的认知计算重大研究计划。

作为计划的重要组成部分，创办了中国智能车未来挑战赛，主要目的是通过真实环境中的比赛，研发和检验具有环境感知和智能行为决策的无人车。

首届中国智能车未来挑战赛于2009年6月在西安举行，比赛包括了规定动作测试、挑战性测试以及特色表演三个部分，共有西安交通大学、清华大学、湖南大学、意大利帕尔玛大学等国内外7所大学参加。

据悉，第一届挑战赛场地是不到3公里的乡村道路，最终只有4支队伍上路，剩下的车都是静态展示，有的车直接把电线杆撞倒了。

之后，在西安（第二届）、鄂尔多斯（第三届）、赤峰（第四届）和常熟（第五至十一届）四地连续举办了十一届赛事。往届中国智能车未来挑战赛情况如表2.9所示。

表2.9 往届中国智能车未来挑战赛信息

届次	时间	地点	参赛队伍数量/支	赛道
第一届	2009年6月	西安	7	2.6公里乡村道路
第二届	2010年10月	西安	10	3.7公里测试场
第三届	2011年10月	鄂尔多斯	9	10公里城市道路
第四届	2012年10月	赤峰	14	6.7公里城市道路 16公里乡村道路
第五届	2013年11月	常熟	18	5公里城市道路 18公里乡村道路
第六届	2014年11月	常熟	22	2公里城市道路 14.5公里高速与城郊道路
第七届	2015年11月	常熟	20	13.5公里典型城郊、城区、快速道路和居民小区
第八届	2016年10月	常熟	23	22公里真实高架快速道路 6公里城乡道路
第九届	2017年11月	常熟	25	22公里真实高架快速道路 6公里城乡道路
第十届	2018年11月	常熟	27	22公里真实高架快速道路 6公里城乡道路
第十一届	2019年11月	常熟	29	22公里真实高架快速道路 6公里城乡道路

这里以第十届智能车未来挑战赛为例,介绍一下比赛的内容。比赛分为城乡道路测试、高架快速道路测试以及离线测试三大部分。

城乡道路测试选在了常熟智能汽车封闭测试场地进行,该场地也称为九宫格赛场,如图2.47所示,赛场模拟了信号灯识别、行人干预、隧道、雨天、施工绕行掉头、多车辆交互、乡村道路等多种场景。

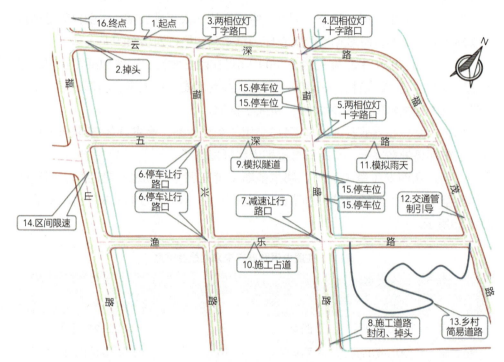

图2.47 第十届中国智能车未来挑战赛九宫格赛场

而**高架快速道路测试**选在了常熟昆承大道高架真实道路上进行。道路包含了交通标志标线清晰的快速路和主干路,并设置有故障车辆、施工围栏、水马、锥形标等障碍物,以及数十辆有人驾驶车辆构成的真实交通流(图2.48)。参赛车辆完成全程行驶,先按到达终点时间排序,再根据人工干预次数和行驶路段考核内容的完成质量进行扣分,按最后得分给出比赛结果顺序。

图2.48 第十届中国智能车未来挑战赛高架快速道路测试现场

离线测试主要是采用软件训练无人车算法，参赛队伍使用现实道路采集的交通场景视频，从道路区域人员监测、交通信号检测、前方车辆位置监测、车道偏离监测四个方面对无人驾驶系统的视觉感知能力进行测试。

小提示

得益于传感技术发展，参赛的无人车队伍在硬件上的差距越来越小，挑战赛逐渐从拼硬件变为拼算法和数据。因此，从2016年第八届比赛开始，增设了离线测试。

第十届比赛设置了多种奖励和160万元奖金，其中城乡道路测试和高架道路测试设立了名次奖、技术奖、鼓励奖和特别奉献奖，离线测试比赛也设立了若干奖项和奖金。

从最初的以大学为主的寥寥几支参赛队伍，到之后大学、企业、科研院所等全面参与。中国智能车未来挑战赛参赛队伍越来越多，影响力越来越大，赛事组织更加专业，赛场也从简单封闭道路，变为了更加真实和复杂的道路，这也促进了无人驾驶相关技术水平的不断提升。

第 3 章

无人驾驶的成长

（2010—2015年）

本章知识点

SAE分级、ADAS、人工智能框架、芯片、算法、大数据、商业场景、北斗卫星导航系统

经过了10年的孕育，无人驾驶的土壤已经成熟，进入了2010年后，行业对无人驾驶的分级逐步达成共识，同时以算力、算法、大数据、场景为四大要素的人工智能，开始大幅推动无人驾驶的技术进步和产业发展，我国的北斗卫星导航系统开始在无人驾驶领域发光添彩。

这一切最初的带动，还是谷歌。

3.1 谷歌三代无人车惊艳全球

本节阅读难度：★

自2009年成立无人驾驶团队以来，谷歌无人驾驶的研究大致经历了三个阶段。

（1）第一代无人车：初级无人驾驶

谷歌第一代无人车改造自丰田油电混合动力汽车普锐斯。工程师们在普锐斯的前保险杠外壳和前翼子板上挖孔，安装了用于准确测距和测速的毫米波雷达；在车顶上安装了Velodyne公司的64线激光雷达；在挡风玻璃下安装摄像头，用以识别红绿灯；同时也在左后轮上安装了外接的轮速传感器，以获取更高精度的轮速信息。

此外，第一代无人车也尝试结合谷歌自身在地图上的优势，追踪道路上行人、汽车、自行车等运动态势，并理解道路指示牌，最终做出行车控制决策。如图3.1所示为谷歌无人车有关行车控制决策的专利（专利号US8195394）。

总体来看，谷歌的第一代无人驾驶汽车就是在原有的传统汽车基础上，增加一些功能设定，使之具备一些初级的无人驾驶功能，能够在简单路况环境下进行自主操作行驶，同时尝试着将自身地图方面的优势与智能汽车进行融合。

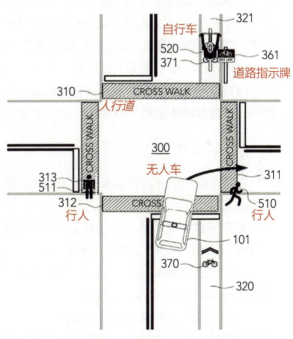

图3.1 谷歌无人车有关行车控制决策的专利

（2）第二代无人车：软件算法大幅提升

基于雷克萨RX 450H油电混合动力SUV，谷歌开发了第二代无人车。与第一代相比，雷克萨斯搭载的硬件基本类似，除了顶部激光雷达比较明显，其他传感器设置非常隐蔽（图3.2）。

另外，第二代无人车中控部分多了一个红色的按键，一旦出现问题，按下就可以立即恢复到人工驾驶模式，如图3.3所示。

虽然在传感器等硬件设施上没有太大改变，但第二代无人车在软件和算法上有了较大的更新。第二代无人车大大加强了复杂路况的环境感知能力，能主动对行驶道路上的障碍物进行评估和主动调整。

图3.2 谷歌第二代无人车

图3.3 无人车中控部位带有红色按键

谷歌通过收购相关人工智能深度学习及图像识别软件公司，大大增强了第二代无人车的自主规划能力。用户通过输入目的地信息，无人车可自主规划出避障道路，同时可根据路线情况主动控制和调节车速、变更车道或重新制定行车路线。

此外，作为全自主无人驾驶汽车的补充，谷歌逐步介入了车联网领域。谷歌通过收购众包地图应用Waze，利用Waze的技术为谷歌地图提供实时交通方面的帮助，由此地图中新增了交通流，形成了初步的车联网。

（3）真正的无人车

如果说前两代无人车都是以传统汽车为原型进行改造，那么谷歌在第三代无人车上又跨出了一大步。

无方向盘、无刹车、无油门、无多余部件、全新的纯电动无人驾驶汽车"FireFly"（萤火虫），如图2.46所示。

"萤火虫"由Google X实验室负责外观、结构和动力系统设计，密歇根汽车制造商Roush Enterprises负责组装。

"萤火虫"全车采用了白色和灰色，给人以温暖和安全的感觉，前保险杠由软泡沫制成，前挡风采用塑料而不是玻璃，能够更好保护行人安全。

"萤火虫"配备了摄像头、毫米波雷达、激光雷达和超声波等传感器，能得到一个广阔的视角，同时基于深度学习，能够在0.25秒左右的时间内准确识别行人，还整合了谷歌地图和云服务等优势资源。

"萤火虫"从某种意义上说就是一辆真正的无人驾驶汽车，因为它大大增强了人机交互体验，让乘员关注于移动体验而不用关心驾驶本身。"萤火虫"中加入了可穿戴智能设备芯片，实现手势控制和人工干预，通过实时检测双手和手指上的微小活动并根据设定执行相应动作，来控制车内音响、空调温度、雨刷器、座椅，或者用来改变巡航行驶状态的参数。

3.2 无人驾驶汽车的分级，一步一个脚印

本节阅读难度：★

业界很早前达成共识，要实现真正无人驾驶，并不能一蹴而就，而是需要一步一步、分级别、分阶段实施，针对于每一级别的界定，相关工程人员需要一个可以量化的指标，这里不得不提到SAE的自动驾驶分级。

（1）SAE分级

美国汽车工程师学会（Society of Automotive Engineers，SAE），是世界汽车领域比较知名的标准制定组织。

2014年，SAE制定了J3016自动驾驶分级标准，按照自动驾驶汽车和非自动驾驶汽车本身是否能控制关键驾驶功能（转向、加速、制动）的原则，将自动驾驶分为了L0至L5六个等级，如表3.1所示。

表3.1 L0~L5自动驾驶等级定义与主体

等级	名称	定义	主体		
			驾驶操作	周边监控	支援
L0	无自动化	驾驶员完全掌控车辆	人	人	人
L1	驾驶支持	车辆对转向、加速、减速中一项操作提供支持	人和车	人	人
L2	部分自动化	车辆对转向、加速、减速中多项操作提供支持	人和车	人	人
L3	有条件自动化	无人驾驶系统完成所有驾驶操作，但驾驶员必须准备好重新取得驾驶控制权	车	车	人

续表

等级	名称	定义	主体		
			驾驶操作	周边监控	支援
L4	高度自动化	无人驾驶系统完成所有驾驶操作，驾驶员不一定提供所有应答	车	车	车
L5	完全自动化	无人驾驶系统在所有条件下完成所有驾驶任务	车	车	车

2016年，美国交通部决定采用SAE J3016作为自动驾驶分级标准，此后，全球诸多车企也采用了SAE J3016对自身相关的产品进行技术定义。

2018年，SAE对J3016进行了一些修订，但内核以及框架没有改变。SAE自动驾驶分级标准发布后，其逐步成为了业内主流的标准，也是被业界认可的一条主流技术发展路径，即从人类驾驶（L0）到辅助驾驶（L1、L2），再到自动驾驶（L3、L4），最终实现无人驾驶（L5），如图3.4所示。

图3.4　无人驾驶主流技术发展路径

SAE的分级对推进无人驾驶的商业化具有重大意义。

（2）中国无人驾驶汽车分级

我国从2017年开始启动了中国版的自动驾驶分级标准研究，由汽标委组织，十余家国内外单位参与起草与修改，在发布之前，一直都沿用美国人制定的SAE自动驾驶分级标准。

2020年3月，推荐性国家标准《汽车驾驶自动化分级》征求意见稿正式发布，标准于2021年1月实施。

根据标准，我国将汽车驾驶自动化划分为0级（应急辅助）、1级（部分驾驶辅助）、2级（组合驾驶辅助）、3级（有条件自动驾驶）、4级（高度自动驾驶）、5级（完全自动驾驶），共6个不同的等级。

我国在无人驾驶汽车分级思路和分级划分标准上与SAE的分级大体一致，对每一等级自动驾驶汽车的具体界定，两种标准也大体相同，仅在某些方面存在一些区别。中国版标准在3级有条件自动驾驶中明确增加了对驾驶员接管能力检测和风险减缓策略要求，减少实际应用安全风险。

国家标准的出台，使产业包括车厂和产业链的技术研发和量产有了阶段性推进目标，对产业链协同也有比较好的推动，也可以协调推进与之有关的标准和安全法律法规。

（3）全球车企无人驾驶规划，放弃L3级别？

根据SAE自动驾驶分级标准，全球车企对旗下无人驾驶汽车进行了产品规划和布局，如图3.5所示。

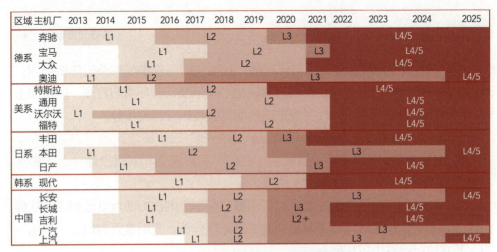

图3.5　全球车企对无人驾驶规划

从图3.6中可以看到，国外车企多在2016年推出L1或L2级别自动驾驶，而国内车企起步较晚，于2018年开始推出L2级别的车型，也可以看到2020年和2021年是L3级别自动驾驶集中量产年份。但特斯拉、通用、沃尔沃、福特等部分车企选择直接跳过L3级别，从L2晋级到L4级别。为何这些车企会放弃L3级别？

从SAE分级标准可以看到，虽然L3级别自动驾驶的驾驶操作是由汽车本身来控制，但是仍旧需要人类驾驶员进行接管，意味着会有大量从机械操控切换到人工操控的过程，同时还存在着人机之间责任明确划分的问题，这个问题并不容易解决。

与其耗费大量精力和投入去研发过渡阶段的L3级别，还不如直接研发不会出现车辆控制权频繁交接的L4和L5级别，这也是部分车企最主要的考量。想象在L3级别情况下，驾驶员虽然可以放开双脚双手不看路，但是需要保持注意力，所以即使不开车，也会精神紧张。这与搭乘别人车相比区别不大，只不过乘坐别人开的车，出了事故完全与你无关，但是在L3级别情况下，出了事故却难逃干系。

3.3　无人驾驶汽车的过渡ADAS

ADAS（Advanced Driving Assistant System），即高级驾驶辅助系统。ADAS是一个很广义的范畴，其主要覆盖了SAE自动驾驶分级中L1和L2级的功能。

由于技术难度相对较低，目前ADAS大部分已实现量产装车和商业落地，实现ADAS是大部分车企从辅助驾驶走向自动驾驶的基础。

3.3.1　ADAS的工作原理和功能分类

本节阅读难度：★

ADAS的工作原理是通过汽车传感器，在第一时间收集车内外的环境数据，并对搜集到的数据进行处理，实现对驾驶员、车辆及行驶环境的监测、辨识和追踪，同时通过警告或者主动控制等方式辅助驾驶员执行驾驶任务。

ADAS系统包括了"传感器—控制器—执行器"三大部分。

① ADAS的传感器主要由摄像头（包括单目摄像头和双目摄像头）、雷达（包括超声波雷达和毫米波雷达）组成。

② ADAS的控制器指的是嵌入在传感器或整车上的ECU芯片以及相关的软件和算法，主要作用是对传感器搜集到的数据进行分析，判断是否有危险，做出决策，并对执行器发出控制指令。

③ ADAS的执行器主要包括了汽车的转向、制动、油门等机构，主要作用是对驾驶员发出预警或干预信号，同时对车辆的转向、加速、减速多项操作提供驾驶支持。

早期的ADAS技术专注于被动报警，随着技术的不断提升，ADAS逐渐发展成为了一整套的主动式安全防御解决方案，展现出了非常丰富的应用场景。

根据全国汽车标准化技术委员会发布的《道路车辆先进驾驶辅助系统（ADAS）术语及定义》，将ADAS的功能分为信息辅助类功能和控制辅助类功能两部分。

① 信息辅助类功能，指的是汽车通过影像、灯光、声音、触觉提示等方式提前警告驾驶员可能发生的危险，主要包括了21项功能，如图3.6所示。

② 控制辅助类功能，指的是汽车通过主动控制的方式来避免或者减轻碰撞等危害，主要包括了15项功能，如图3.7所示。

图3.6　ADAS信息辅助类功能一览

图3.7　ADAS控制辅助类功能一览

3.3.2　典型ADAS介绍，AEB的"喜"与"忧"　　本节阅读难度：★★

这里以较典型的ADAS功能AEB为例子，介绍其主要功能、工作原理以及存在的问题和挑战。

（1）AEB的"喜"：逐步成为标配

自动紧急制动系统，英文名称为Automatic Emergency Braking，AEB。AEB能够实时监测车辆前方行驶环境，并在可能发生碰撞危险时自动启动车辆制动系统，使车辆减速，辅助驾驶员避免碰撞或减轻碰撞后果。

早在2014年，欧洲新车碰撞测试中心（E-NCAP）就将AEB纳入评分体系，作为对星级评价的考量。2018年中国的新车碰撞测试中心（C-NCAP）也将AEB

纳入了评分项目。

纳入评分项目意味着新上市的车辆想要取得5星级以上评级，就必须配有AEB功能。而另外一方面，据研究，车辆装配AEB系统，可将交通事故发生率降低27%，并明显减少伤亡。因此，AEB逐步会成为ADAS系统的一个标配。

（2）AEB的工作原理

AEB和其他ADAS系统一样，由"传感器—控制器—执行器"三大部分组成。

① 传感器主要是摄像头或者毫米波雷达，用于提供前方道路实时图像和路况信息。

② 控制器采用传感器内置ECU或独立外置ECU，通过计算出与前车或障碍物的距离，将测出的距离与警报距离、安全距离进行比较，小于警报距离时就进行警报提示，而小于安全距离时就会启动制动系统。

③ 执行器主要指的是汽车的制动系统，也包括了安全带、双闪灯等装置，整个执行过程又可以分为四个阶段，如图3.8所示。

a. 提醒阶段，通过声音、图标等方式提醒驾驶者对车辆即将可能发生的碰撞进行接管，并对制动系统进行提前减压。

b. 预制动阶段，AEB会试图通过短促的制动唤醒驾驶员，或轻微振动方向盘进行二次预警，同时车辆会对安全带进行预紧，此时制动系统开始施加制动力（约全部制动能力的30%），此阶段驾驶员仍然可以干涉。

c. 部分制动阶段，AEB开始使用约50%的制动能力为车辆减速，同时配备自动车窗和天窗的车辆开始主动关闭，避免驾驶员在接下来可能发生的碰撞中被抛出窗外，AEB系统也会打开双闪警示灯提醒后车。

d. 全力制动阶段，AEB会放弃依靠驾驶员的制动行为，施加100%的制动能力。

图3.8　AEB系统执行过程

需要指出的是，整个执行过程时间通常只有3秒，AEB会根据危险等级选择进入四个阶段中某个阶段，有时也会跳过其中某些阶段直接进行全力制动。

（3）AEB的"忧"：不触发或误触发

AEB系统目前有一定的工作范围，超过了这个范围，即使有碰撞危险的可能性，AEB也不会被触发。

典型的不触发场景包括当车速低于5公里/时或高于150公里/时时，AEB不会工作。特别地，当AEB的传感器（如毫米波雷达）因道路飞溅的泥巴等污物遮挡时，或因寒冷天气雷达表面结冰，AEB也会停止工作。

相比于AEB不触发情况，AEB的误触发一直是行业的难题。

AEB典型的误触发场景包括了经过弯道时、当前车制动后变道时、在车库或减速带等场景，另外还有在洒水车喷水柱或喷溅水花（下大雨场景）、前方漂浮塑料袋等场景下AEB也有可能被误触发。

AEB的误触发会导致驾驶性能降低、驾驶员受惊、后车追尾等负面影响，会降低驾驶体验。目前主要通过算法优化以及传感器性能提升来提高AEB的可靠性。

常见ADAS介绍

除了AEB，在ADAS系统中，目前ACC（自适应巡航控制）、IPA（智能泊车辅助）、AVM（全景影像监测）都是比较热门的ADAS应用，其在新车中的搭载率逐步提升。

① ACC（Adaptive Cruise Control，自适应巡航控制），该功能是从巡航控制技术发展起来的。车辆行驶过程中，ACC能够让车辆与前方车辆始终保持安全距离，也可以根据驾驶员设定的目标速度及与前车的相对距离，自动调整车速。

② IPA（Automated Parking Assistance，智能泊车辅助），该功能可以让汽车主动探测停车位置，绘制停车地图，并实时规划泊车路径，将汽车指引或直接操纵方向盘驶入停车位置。

③ AVM（Around View Monitor，全景影像监测），该功能能够为驾驶员提供车身四周的俯视图，消除驾驶员的视野盲区，停车时提供视频辅助。详情可以参考2.2.2小节中有关"上帝视角"的内容。

3.4 无人驾驶"大脑"更加成熟——人工智能崛起

无论是谷歌的三代无人车发展,还是ADAS系统不断地进步,其背后离不开日趋崛起的人工智能的赋能。

1.3节中介绍了人工智能诞生标志达特茅斯会议,2.4节中介绍了深度学习使得人工智能走向应用,本节系统地为读者介绍人工智能的技术及在无人驾驶上的应用。

首先介绍人工智能的理论框架,其是建立在"三大主义"基础上的。

3.4.1 人工智能的理论框架——三大主义

本节阅读难度:★★

1956年达特茅斯会议之后,不同学科或学科背景的学者对人工智能做出了各自的解释,提出了不同观点,逐渐演化出了人工智能的"三大主义"。

(1)符号主义的兴起

达特茅斯会议后的第二年(1957年),心理学家赫伯特·西蒙和计算机学家艾伦·纽厄尔发明了逻辑机,能够让机器进行逻辑推理。西蒙和纽厄尔这两人是师生,也是亲密的合作者,共事长达42年。

1958年,被誉为人工智能之父的约翰·麦卡锡发明了表处理语言LISP,使计算机不仅可以处理数据,还可以处理符号,这是人工智能界第一个最广泛流行的语言,至今仍有着广泛应用。

至此,基于物理符号研究人工智能的符号主义学派,在世界各地风生水起。

符号主义的核心思想的是什么?符号主义认为:

① 人工智能源于数理逻辑。

② 智能的本质就是符号的操作和运算。

③ 物理符号系统具有输入、输出、储存、复制、建立结构和条件性迁移六种功能,若具有上述六种功能,那么这个系统就是智能的。

计算机和人脑都可以完成上述操作,因此可以用计算机符号来模拟人的智能行为,这就是符号主义的核心思想。

符号主义特别适用于自动推理、定理证明、机器博弈、自然语言处理等问题。

(2)符号主义进化:知识工程和专家系统

符号主义学派自成立以来,便一枝独秀,影响越来越大,在人工智能领域取得了丰硕成果。

但是,因为符号主义以推理为核心,无法处理常识问题和不确定事物,这个弊端逐渐在20世纪70年代开始显现。例如机器翻译的多义词问题,"Fruit flies like a banana",采用符号主义,就会翻译为"水果像香蕉一样飞行"。

1973年,英国数学家詹姆斯·莱特希尔认为,"人工智能研究即使不是骗局,至少也是庸人自扰"。英国政府接受了他的建议,取消对人工智能研究的资助,人工智能第一次遭遇了寒冬。

不过,研究学者积极反思,在1977年第五届人工智能联合会上,曾是赫伯特·西蒙的研究生,来自斯坦福大学的青年学者费根鲍姆(E D·Feigenbaum),提出了知识工程的概念。

知识工程的核心在于,设计一个基于知识的系统,知识系统中有大量专家提供知识,机器使用系统中的知识进行推理解决问题。简单来说,就是在推理机上加上一个知识库,将符号主义大大向前推进了一步。

知识工程的提出标志着人工智能从以推理为中心,进入到了以知识为中心,使人工智能从理论走向了应用,并产生了大量的专家系统,费根鲍姆(图3.9)也被誉为"专家系统之父"。

图3.9 费根鲍姆

1980年,美国DEC公司开发了XCON专家系统,根据用户需求配置订单,这个工作人类专家需要3小时完成,而机器只需要30秒。

(3)连接主义:人工神经网络

基于知识工程的专家系统虽好,但在交互和拓展问题上却是一筹莫展。

知识系统能模拟人类深思熟虑的行为,但无法处理人与环境的交互行为;同时,知识系统只适合建造狭窄领域的专家系统,无法推广到规模更大、领域更宽的复杂系统中。

那么,如何处理交互和拓展呢?

1943年,心理学家麦克洛奇和数理逻辑学家皮兹提出了神经网络模型。

以麦克洛奇和皮兹为鼻祖,基于神经网络的人工智能研究被称为连接主义,也叫仿生学派或心理学派。

区别于符号主义,连接主义认为:

① 思维的基元是神经元,而不是符号。

② 思维过程是神经元的连接活动过程,而不是符号运算过程。

③ 反对符号主义关于物理符号系统的假设。

不过在20世纪60年代,连接主义一直都处于低潮。直到1982年,加州理工物理学家霍普菲尔特(Hopefield),如图3.10所示,使用统计力学方法,提出了离散的神经网络模型,1984年又提出连续的神经网络模型,被称为Hope-Field模型。

1985年,该模型成功求解了旅行推销员问题。

图3.10　霍普菲尔特

 旅行员推销问题

英文全称为Traveling Sales Man Problem(TSP),也称为旅行商问题。

一个商品推销员要去若干个城市推销商品,该推销员从一个城市出发,需要经过所有城市后,回到出发地。应如何选择行进路线,以使总的行程最短。

旅行推销员问题是组合优化中的一个经典难题,在运筹学和理论计算机科学中非常重要,在交通运输及物流配送等领域内有着广泛的应用。

1986年,认知心理学家鲁姆哈特和心理学家麦克兰德唤醒了已沉睡十年的算法——反向传播(Back Propagation,BP)算法,解决了多层网络学习问题,至此人工神经网络再次获得关注。

1987年,美国召开了第一届神经网络会议,成立了国际神经网络学会INNS,神经网络正式成为了一个学派。但目前局限于人类对人脑的认知,人工神经网络仅能模拟人脑局部功能。

(4) 行为主义:智能主体

20世纪90年代,随着计算机网络和通信技术的发展,出现了一种新的定义人工智能的方法:人工智能的目标是构造能表现出智能行为的主体,即智能主体。

围绕着智能主体来研究人工智能,极大引起了专家学者的兴趣,并逐渐衍化为一种流派。这个流派被称为行为主义,或者进化主义,或者控制论学派,其鼻祖最早可以追溯到1948年,美国数学家诺伯特·维纳发明的控制论。

进化主义观点为:① 智能主体取决于感知和行为,取决于对外界复杂环境的适应。

② 智能主体不需要知识、不需要表示、不需要推理。

③ 智能主体可以像人类一样进化，分阶发展和增强。

1995年，斯坦福大学的巴尔巴拉·海斯在国际人工智能联合会上进一步提出：智能主体既是人工智能最初的目标，也是人工智能最终的目标。这个观点将行为主义推向了又一个高峰。

行为主义的代表作，还得是罗德尼·布鲁克斯的六足机器人，他在1991年美国麻省理工人工智能实验室研制成功了一个由150个传感器和23个执行器构成的能做六足行走的机器人试验系统（图3.11）。

图3.11 布鲁克斯以及六足机器人

这个机器人虽不具有人的推理、规划能力，但其能够应付复杂环境。

至此，符号主义、连接主义和行为主义，形成了人工智能的"三国演义"之势，三大主义及代表人物如图3.12所示。

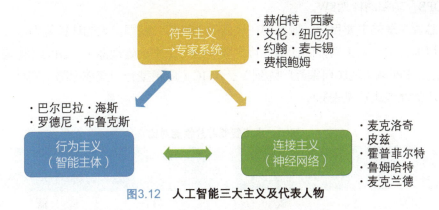

图3.12 人工智能三大主义及代表人物

"三大主义"从不同角度，在不同的时空阶段，不断在实践中进行各自的理论修正和完善，它们也逐步搭建起了人工智能的理论框架。

3.4.2　人工智能四大要素，赋能无人驾驶

本节阅读难度：★

算力、算法、大数据、场景是推动人工智能技术进步和产业发展的四大要素。

算力为人工智能提供了计算支撑；算法是实现人工智能的根本途径，也是挖掘数据的有效方法；而大数据，是人工智能的基础，也被称为人工智能的"金矿"和"新石油"；算力、算法、大数据作为输入，只有应用在实际的"场景"中进行输出，才能发挥出人工智能最终的价值。

本节对这四个要素进行概要介绍，之后针对每一要素在无人驾驶汽车中的应

用进行详细探讨。

(1) 算力

2.4节中提到，人工智能需要对数据进行训练，得到模型。

在训练模型的过程中，往往需要尝试很多组参数，每调整一次就需要重新训练。训练数据得到模型所需要的时间，很大程度上取决于计算能力。而计算能力又取决于计算机的硬件部分，而芯片是硬件体系的核心。因此，针对于算力，应关注芯片，特别是应用于无人驾驶的人工智能芯片的发展。

评价无人驾驶芯片主要有四大指标，即算力、功耗、制程和价格。

算力常用TOPS（Tera Operations Per Second）来表示，1TOPS代表计算机每秒可进行一万亿次（10^{12}）操作。功耗常用瓦特（W）来表示。例如，华为在2018年发布第一块人工智能芯片昇腾310，其制程为12nm，算力为16TOPS/INT8，功耗为8W。表示该芯片进行8位整数计算（INT8），每秒运算次数为16个TOPS，功率消耗为8W。

芯片开发的主要目标，就是要在较低的功耗下，获得更大的计算能力。

目前，用于人工智能的计算芯片主要有CPU（中央处理器）、GPU（图形处理器）、FPGA（现场可编程门阵列）、ASIC（应用型专用集成电路）四种。四种芯片的性能比较见表3.2。

表3.2 人工智能芯片性能对比

芯片类型	计算效率 （单位功耗的计算能力）	灵活度	开发难度
CPU	低	最高	低
GPU	中	高	中
FPGA	高	中	高
ASIC	最高	低	最高

而无人驾驶汽车所需要的算力已经远远超过了100个TOPS，传统汽车芯片难以满足自动驾驶要求，因此常用的为SOC级别的芯片，将CPU、GPU、FPGA、ASIC进行有效融合，对此会在芯片的章节详细介绍。

(2) 算法

算法对计算机行业来说并不陌生，算法可以广义地理解为求解问题的步骤和方法，而且是批量化解决问题的手段。

自动驾驶算力越高越好吗？如何看待有关算力的军备竞赛

自动驾驶特别是无人驾驶，对芯片算力要求越来越高，体现在四个方面：

第一，感知层对精度要求越来越高，摄像头从百万像素进化到千万级别，对算力要求越来越高；第二，当前应用于自动驾驶的深度学习算法已超过20个，无论是训练，还是推理，对算力要求越来越高；第三，OTA已经成为标配，车企需要预埋算力，为软件和功能升级做准备；第四，未来座舱、驾驶等域控制器很可能会走向融合，需要更高的算力进行数据处理。

行业主流认为，L2级别自动驾驶算力要求小于10TOPS，L3级别算力要求在10~100TOPS，而L4级别算力要求大于100TOPS，而L5级别算力要求有可能大于1000TOPS。

但需要指出的是，算力单位TOPS仅为一个数值，该数值实际上是芯片物理乘法器数目与最高主频的乘积，代表的是芯片乘积累加运算（multiplyaccumulate，MAC）的理论上限，针对于深度学习中的卷积运算才有价值和意义。事实上，只要不计成本地增加芯片的运算单元，就可以在硬件层面提升芯片的TOPS数值。

相比于数值，行业里面更加看重的是芯片的真实算力或者是神经网络的利用率。这取决于芯片和算法的配合程度（模型优化），存储器的容量（封装缩短存储器与运算单元的物理距离），指令集设计（减少频繁读取存取数据）等，另外还需要考虑功耗、成本、量产等车规级的问题。

但是对用户来说，算力如同发动机马力一样，是象征一辆车的智能化程度最直观的指标，算力越大，能给人带来更先进、更安全、更流畅的感觉。同时一些头部芯片公司，为了扩大其竞争优势，也为了压迫对手跟进算力竞赛，对算力的过多宣传和包装，起到了推波助澜的作用。

当前自动驾驶公司掀起的芯片算力军备竞赛，一方面是实际需求，更多的还是商业考量。对于用户来说，需要重视算力，但是没有必要过于执着。

举个简单的例子，"菜谱"就是一种算法，按照菜谱的方法来做，可以做出对应的菜。如同做菜一样，对于某一个给定的问题，其实可以有多种算法来解决，而不同算法的优劣，直接导致了人工智能水平的高低。

算法的本质是数学，对很多初创公司来说，算法也是进入人工智能领域比较容易的切入点。

如前文所述,机器学习算法包括无监督学习、监督学习、强化学习和迁移学习四类。

对于无人驾驶汽车来说,这些算法都嵌入到了感知、定位、预测、规划、导航、控制等所有的重要模块中。

卷积神经网络算法和递归神经网络算法是应用最为广泛的两种深度学习算法。

(3)大数据

大数据的产生经历了从被动到主动再到自动的过程,是以容量大、类型多、速度快、应用价值高为主要特征的数据集合。

大数据需要经过采集、预处理、存储、分析四个步骤,才能让其充分释放价值。大数据虽然多,但是"有用"的数据却很少,一般需要对数据进行标识。

针对于无人驾驶汽车,大数据能直接赋能无人驾驶,实现交通智能化,还能服务于政府监管与城市应用,以及帮助无人驾驶汽车的开发。

数据标识

人类通过计算机等工具对各类型的数据(文本、视频、图像、音频等),通过不同的标注方式,为它们贴上标签,并提供给机器进行学习的过程。数据标识是人工智能发展中必不可少的环节。

例如,在图像识别中,如果一张小猫的图片被研究人员标记为"猫",并且输入到模型中用以训练模型,那么这里被标记为"猫"的图片就被称为带标记的数据。由于数据很大,对数据的标记需要耗费大量的人力、物力和财力,如表3.3所示。

表3.3 数据标记费用举例

数据类型	规格	标记内容	标记数据费用预估
车牌图像	1000张	拍摄时间、车型、车辆颜色、车身位置等	900元
地铁站行人监控视频	28小时	人体区域、人体位置	4.42万元
机器翻译	1000万个语句	句式、错别字等	2200万美元

（4）场景

场景，即人工智能的应用领域。如今，人工智能在场景上的应用已经越来越深、也越来越丰富，人工智能应用已经拓展到各个方面。

针对无人驾驶汽车，需要讨论的场景主要分为两类：一是在开发过程中使用的场景，其中设计运行域（Operational Design Domain，ODD）的构建十分关键；二是商业应用场景，总体遵循着"先封闭后开放，先载货后载人"的原则，当前主要涵盖了封闭场景物流或通勤、无人配送、干线物流、无人环卫、无人泊车、无人公交、Robotaxi等。

最后，从场景引发需求，智能终端的普及构建了大数据的环境，技术的进步提供了算力的可能，而算法难点的攻克打通了从理论到应用的通道，算力、算法、大数据、场景四大要素相辅相成。

接下来会结合无人驾驶，围绕着算力、算法、大数据、场景这四个要素，对人工智能在无人驾驶上的应用做进一步的阐述。

3.5 支撑无人驾驶的算力——芯片

人工智能的算力本质上就是芯片的算力，本节从芯片基础知识入手，介绍芯片的定义、产业链和市场情况，之后单独介绍芯片最复杂的制造工序，最后再详细介绍人工智能芯片在无人驾驶汽车上的应用。

3.5.1 芯片的基础知识，从半导体说起   本节阅读难度：★

（1）芯片的定义

物质大体分为三种：导体、绝缘体、半导体。

导体内部电子是自由移动的，宏观表现为导电，如金、银、铜等金属；绝缘体内部极其稳定，宏观表现为不导电，如橡胶、陶瓷、塑料等。

半导体在常温下的导电性能介于导体和绝缘体之间，而其导电性能随着掺杂元素、受热、受光、受到外力等环境条件而变化，意味着可以通过控制半导体内电子的流动，实现计算和控制功能，这个特性使得半导体衍生出了很丰富的应用场景，也让半导体成为了电子工业的基础材料。

半导体按照应用类型可以分为四类产品（见图3.13），即分立器件、光电子器件、敏感器件和集成电路。

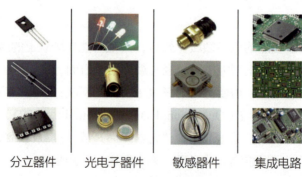

图3.13　半导体四类产品

①　分立器件，相较于集成电路，是具有单一功能的电路基本单元，如二极管、三极管、功率半导体器件（IGBT）等。

②　光电子器件，是利用光-电转换效应制成的各种功能器件，如发光二极管、激光二极管、光电探测器、太阳电池等。

③　敏感器件，是能敏锐地感受某种物理、化学、生物信息并将其转变为电信息的电子元件，是传感器的重要组成部分，如压力传感器、加速度计、陀螺仪、热敏电阻、气敏电阻等。

④　集成电路，英文全称为Integrated Circuit，简称IC，是把电源、电阻、电容等电子元器件，以及二极管等分立器件，设计和组装起来形成的电路组合，进而实现计算和控制。集成电路又可以进一步分为数字电路和模拟电路，数字电路又可分为微处理器、逻辑电路、存储器。

从另外一个角度来说，集成电路可以将成千上万个二极管、三极管、电阻、电容等电子元器件搭建在一个指甲盖大的硅晶圆表面上。将不同种类的集成电路或单一类型的集成电路集成在一起，能执行特定功能的复杂电子系统，就是芯片，英文名称为Chip。有时候也把芯片作为集成电路的一种简称。

摩尔定律

英特尔创始人戈登·摩尔（Cordon Moore）提出，集成电路上可以容纳的晶体管数目，每隔18～24个月便会增加一倍，性能也将提升一倍。

自1958年美国得州仪器的杰克·基尔比（Jack Kilby）在锗半导体材料上制作出第一块集成电路以来，集成在每个芯片上电子元器件数都在不断增长，而价格却在不断下降。根据集成度的高低，集成电路又分为小、中、大、超大、甚大规模集成电路，如表3.4所示。

表3.4　集成电路的发展

集成规模	时间	每个芯片的电子元器件数
分立器件（没有集成）	1960年之前	1
小规模集成电路	20世纪60年代前期	2~50
中规模集成电路	20世纪60年代到20世纪70年代前期	50~5000
大规模集成电路	20世纪70年代前期到20世纪70年代后期	5000~10万
超大规模集成电路	20世纪70年代后期到20世纪80年代后期	10万~100万
甚大规模集成电路	20世纪90年代前期至今	大于100万

回顾集成电路的发展历程，50多年来事实证明摩尔定律是准确的，摩尔定律也是推动芯片技术发展的一大动力。

目前手机使用的内部处理器可以达到7纳米的节点工艺，意味着1平方毫米的芯片中可以容纳约1亿个晶体管。

（2）芯片的产业链

芯片的产业链可分为上游（材料、设备）、中游（设计、制造、封装、测试）、下游应用三大环节，如图3.14所示。

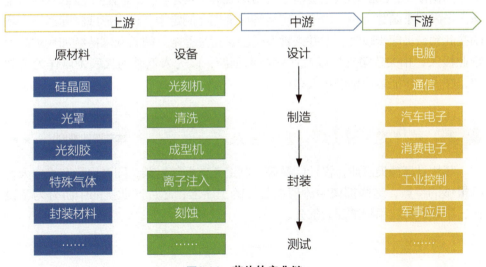

图3.14　芯片的产业链

上游由制造芯片所需要的原材料和设备组成；中游是芯片的工序，包括了芯片的设计、芯片的制造、芯片封装、芯片测试四大环节，会在下一小节进行详细介绍；下游主要是芯片的具体应用领域，包括了电脑、通信、消费电子、汽车电子、工业控制和军事应用。

（3）中国芯片市场

如图3.15所示，为根据2017年全球半导体销售额划分出来的半导体产品结构，可以看到，芯片占到了整个半导体销售额的83%。

芯片被称为现代工业的"粮食"，是电子信息产业的基石。人们日常生活中看到的、用到的电子设备，包括手机、电脑、电视、高铁、汽车、医疗机器等都离不开芯片。

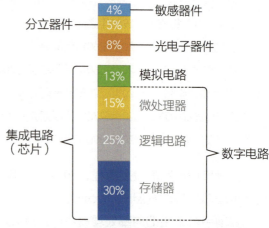

图3.15　全球半导体产品结构（2017年销售额）

欧美国家为了保护芯片技术，制订了一系列技术出口限制政策，同时对中资的相关海外并购也制订了各项审查措施。

随着人工智能的蓬勃发展，人工智能芯片将作为核心硬件，配合以算法为核心软件系统，一起搭载于智能移动终端，这些技术将会应用于汽车无人驾驶领域。

而据预测，2021年人工智能芯片市场规模近百亿美元，仍处于较低水平，全球市场尚属于萌芽阶段。由于人工智能标准仍在制定中，还未形成国际通用，我国在此领域虽起步较晚，但并未被发达国家拉开差距。随着我国持续加大对芯片行业投入、相关政策支持以及产业技术创新，以无人驾驶为代表领域作为突破口，在人工智能芯片领域将大有作为。

3.5.2　芯片的主要工序，极其复杂

本节阅读难度：★★★

芯片是高精尖产业，设计门槛高，制造工艺极其复杂，同时也具有投资大和回报慢的特点，这些都集中体现在芯片的工序上，芯片产业链的中游分为了设计、制造、封装和测试四大部分。

（1）市场参与者

芯片设计公司根据产业链下游用户的需求设计芯片，输出符合功能和性能的电路图；设计好的电路图被晶圆制造商移植到硅片上（由硅片制造商制造）；制造完成后的晶圆送往封装和测试厂商，进行封装和测试，最后芯片产品被出售给产业链下游的用户。

在各个工序环节，涉及到了不同的参与者，包括整合元件制造商、芯片设计

商、晶圆制造商、封装测试商。

① 整合元件制造商，其业务囊括了芯片设计、制造、封装、测试所有环节，最终是将芯片的产品直接销售给下游的用户。

全球芯片整合元件制造商包括美国英特尔（Intel）、韩国三星（Samsung）、韩国SK海力士（SK Hynix）、美国美光（Micron）、美国德州仪器（TI）、荷兰恩智浦（NXP）、日本东芝（Toshiba）、德国英飞凌（Infineon）、瑞士意法半导体（ST）、美国摩托罗拉（Motorola）、荷兰菲利普（Philips）等公司。

② 芯片设计商，主要专注于芯片的设计、研发和销售，晶圆的制造、封装、测试都外包给代工厂完成。

全球主要的芯片设计商包括美国高通（Qualcomm）、新加坡博通（Broadcom）、中国台湾联发科（MediaTek）、美国苹果（Apple）、美国英伟达（NVIDIA）、美国AMD、中国海思（Hisilicon）、美国美满电子（Marvell）、美国赛灵思（Xilinx）、中国紫光展讯（SpreadTrum）。

③ 晶圆制造商，制造出带有电路图的晶圆，包括晶圆制造、光刻等。

全球主要晶圆代工企业有中国台湾台积电（TSMC）、美国格罗方德（Global Foundries）、中国台湾联华电子（UMC）、中国中芯国际（SMIC）、以色列高塔半导体（Tower jazz）、中国台湾力晶（Power Chip）、中国华虹（Huahong）。

④ 封装和测试商，负责晶圆封装以及芯片产品最终的测试。

全球主要封装和测试企业包括了中国台湾日月光（ASE）、美国安靠（Amkor）、中国长电科技等公司。

（2）芯片的设计

芯片设计是整个芯片产业链中游最具创新的环节，该工序英文名称为Fabless，具有高投入、高风险、高产出的特点。

如图3.16所示为芯片设计的主要流程，主要包括了规格制定、细节设计、电路设计、版图设计以及光罩设计五个步骤。

图3.16　芯片设计的主要流程

规格制定是要明确芯片设计的目的、芯片的效能、采用的协议以及制作的方法。之后一般会采用硬件描述语言进行芯片的细节设计，将电路图用计算机语言描述出来。然后采用电子设计自动化工具,将其转换成逻辑电路;再通过电路的布局与绕线,生成最终的芯片版图。

在晶片上描绘的电路版图,需要通过光罩这种介质,通过光刻和显影,使电路图能从光罩上转移到晶圆上。因此在进行晶圆制造前,需要在光罩上设计好整个芯片的电路布局。

高通税

成立于1985年的美国企业高通Qualcomm,是世界知名的芯片设计商。高通的主营业务主要分为两部分:一是芯片业务,主要是设计芯片产品;二是高通技术专利许可业务,高通将其拥有的全球13万项专利进行授权,从中收取高额的专利费用,也被业内称为"高通税"。

技术专利许可是高通主要的商业模式之一,占据了其营业收入的30%。特别是在手机领域,高通在2G的CDMA网络模式中占有90%的专利,在3G的WCDMA网络模式中占有27%的专利,在4G的LTE网络模式中占有16%的专利,在5G网络模式中占有8%的专利。只要一台手机使用了其专利中的网络模式,高通就会按照手机售价向手机厂商收取专利税。

(3)芯片的制造

芯片设计完成后,下一步就是制造,主要目的是将设计版图移植到裸露的晶圆上,大体可以分为晶圆制造和电路集成两个部分。

① 晶圆制造。晶圆,英文名称为Wafer,是一种厚度约1毫米呈圆形的硅薄片。

晶圆是芯片的基板,设计好的电路图会曝光显影在晶圆上,而晶圆的制备包括一系列的物理和化学工艺。

由于单晶硅的原子一个接着一个,紧密排列在一起,可以形成一个平整的原子表层,因此,晶圆采用单晶硅作为原材料。晶圆的制造流程如图3.17所示。原材料最初的来源是常见的砂石,其主要成分是二氧化硅,通过化学反应等方法进行提纯,可以得到纯度为99.99%的硅,通过这样的方式得到的硅原子排列还比较混乱,称为多晶硅。

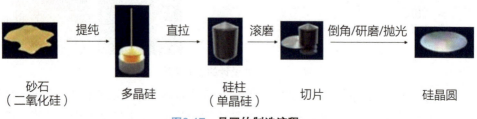

图3.17 晶圆的制造流程

接下来是单晶硅的生长，最常用的方法是直拉法。将多晶硅融化为液态，把一颗籽晶（具有固定原子结构排列的硅晶体）浸入其中，用拉制棒将硅融化物一边冷却，一边缓慢地向上旋转拉起。熔化的多晶硅会粘在籽晶的底端，按籽晶晶格排列的方向不断地生长上去，被拉出和冷却后，多晶硅晶体便生长成了与籽晶内部晶格方向相同的单晶硅柱。

直拉法工艺中的旋转决定了硅柱的形状，因此，被切割后晶圆都是圆形。直拉结束后，对单晶硅柱进行外径滚磨，以达到精确的尺寸，随后进行切片，获取一定厚度的薄晶圆片。

将薄晶圆片进行倒角，以增加其机械强度，接着进行研磨和化学机械抛光（Chemical Mechanical Polisher，CMP），去除表面损伤层，使得薄晶圆片达到微米级别的平整度，再进行清洗、检测、包装出货，最终便制成了芯片的基板，称为晶圆，也叫硅晶圆。

晶圆制造是芯片的制造工序中的最上游也是最基础的环节，制造主要的指标是硅的纯度、平整度和抛光度，由于这些技术难度的限制，使得晶圆的尺寸越大越有价值。

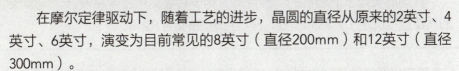

晶圆的尺寸

在摩尔定律驱动下，随着工艺的进步，晶圆的直径从原来的2英寸、4英寸、6英寸，演变为目前常见的8英寸（直径200mm）和12英寸（直径300mm）。

直径越大，晶圆的面积越大，在同一晶圆上可生产的芯片数量就越多，效率也越高，单个芯片的成本也越低，但同时加工难度也越高。

目前12英寸的晶圆已成为业内主流，而下一代的18英寸（450mm）晶圆也在开发过程中。

② 电路集成。在晶圆被切割完成后，需要在其上面集成成千上万的电路，而电路是由从微米到纳米级别的精细图案经过多层堆叠制成。

在实际制造过程中，步骤会有差异，使用的材料也会不同，但大体可以分为成膜、光刻、刻蚀、离子注入四个步骤。

将清洗后的晶圆，通过高温形成一层二氧化硅膜，再用化学气相沉积（Chemical Vapor Deposition，CVD）等方式，将特殊材料附着于晶圆表面，使薄膜生长，使其具有抵抗氧化、增透、耐腐蚀、保护导电等功能。

之后进入光刻流程，图3.18所示为芯片的光刻工艺。如前文中所述，需要先将设计好的电路图案绘制在数几十块镂空的掩膜板上，制成光罩；与此同时，在晶圆的氧化膜上均匀地涂上光刻胶。

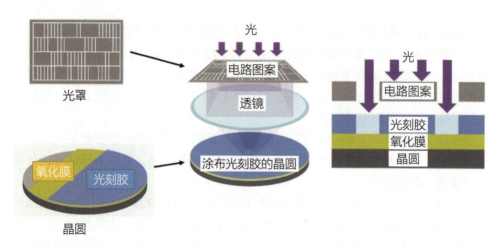

图3.18　芯片的光刻工艺

光罩

光罩又称为掩膜板（Photomask），由不透明的遮光薄膜在透明的基板上形成掩膜图形。

其功能类似于照相机的"底片"，用于转移高精密电路设计，掩膜板的质量直接决定了光刻的质量，是芯片制造的核心模具。

光罩和晶圆被转移到光刻机，透过光罩，紫外线将光罩上的图案投射到晶圆表面的光刻胶上，光刻胶被融化，实现曝光和化学反应。

之后，显影剂被喷在晶圆表面的光刻胶上以形成曝光电路图案，显影后，晶圆上的电路即和光罩上的电路图保持一致，一般来说，晶圆上的电路要经过多次光刻。

光刻的工艺水平直接决定了芯片的制程，芯片的最小线宽取决于光刻设备的分辨率，光刻是芯片制造中最复杂、最关键、成本最高、耗时最高的环节。

需要说明的是，荷兰光刻机制造商阿麦斯（ASML）占据了全球光刻机设备领域的绝对龙头地位，市场份额超过了80%。

芯片的制程

制程，即晶圆上两个相邻的晶体管之间的间距，随着工艺的进步，从最早的3微米发展为现在的10纳米、7纳米。

> 芯片的制造需要缩小制程，制程越小，说明晶体管越小，晶体管越小，说明单个芯片上可放置的晶体管越多，芯片的性能和运算效率也会提高；另一个角度，同样的晶体管数量，制程越小，芯片可以越来越小，那么相同一块晶圆，就可以切割出更多的芯片。
>
> 晶体管体积越小，耗电量也会降低。
>
> 目前14纳米以下制程的芯片全部采用12英寸的晶圆片来制造。
>
> 全球芯片28～14纳米制程的工艺成熟，14～10纳米制程的已进入批量生产，而英特尔、三星和台积电均宣布已经实现了10纳米芯片量产，并且准备继续投资建设7纳米和5纳米芯片生产线。

光刻之后是刻蚀工艺，目前常用的方法是将等离子束打到晶圆表面，通过与晶圆的化学和物理反应，将光刻胶覆盖之外的薄膜以及不需要的光刻胶腐蚀或剥离掉。

为了实现芯片电路的分层结构，需要反复进行"沉积、光刻、刻蚀"的过程。

在对晶圆的刻蚀结束后，需要采用热扩散和离子注入（Ion Implantation）的工艺，人为地将所需杂质作为导电材料，以一定方式掺入硅片表面的薄层中，使得晶圆上的晶体管具有电路通断的功能。

经过上述工序后，晶圆上会形成了一个个小格，称为晶片，英文名称为Die，这些晶片即是芯片的雏形。

一般情况下，同一片晶圆上制作同一品种和规格的晶片，对这些晶片进行测试，将不合格的晶片标上记号。

如图3.19所示为汇总了芯片制造工序中比较关键的"电路集成"环节主要步骤图。

（4）芯片的封装和测试

为了缩小芯片的封装体积，需要先将晶圆背面研磨减薄，之后将晶圆分割成一颗颗单独的晶片。

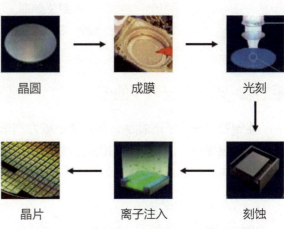

图3.19 芯片的制造"电路集成"环节主要步骤

考虑到良品率等因素，一块12英寸晶圆大致可以被切割成500块左右的晶片。将单个晶片固定在塑料或者陶瓷做的芯片基座上，把刻蚀出的引线端和芯片基座底部伸出的插脚，用金属导线连接起来（键合），作为与外界电路板连接之用。最后盖上塑胶盖板，用胶水封死（膜塑），保护晶片避免受到外部刮伤或高温破坏，到此，一个芯片便制成了。

芯片制造最后一道工序为测试，主要是将芯片置于各种环境下，测试其电气特性，如消耗功率、运行速度、耐压度等，经过测试合格的产品贴上规格、型号以及出场日期等标识，加以包装后即可出厂。

芯片制造是人类历史上最复杂的工艺，其加工精度达到了头发丝的几千分之一，需要上千个步骤才能完成，其难度堪比"两弹一星"。如图3.20所示汇总了芯片主要的工序。

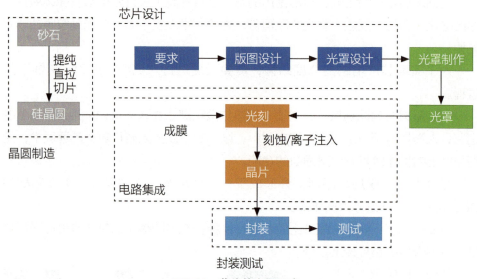

图3.20　芯片的主要工序

3.5.3　无人驾驶汽车的芯片

本节阅读难度：★★

伴随着汽车电子的发展，芯片早已成为汽车的主要部件。无人驾驶汽车对算力要求大幅提高，汽车搭载的代码行数将呈现指数级提升，传统汽车芯片已经无法满足要求。

（1）芯片的应用分类

芯片，或者集成电路，按用途可以分为通用和专用两大类。

CPU（Central Processing Unit），中央处理器，也称为微处理器MPU（Microprocessor Unit），是一块集成度很高的芯片。

CPU主要由控制器、运算器和寄存器三个部分构成，寄存器用于寄存指令，控制器负责从寄存器中提取指令，并进行译码，译码后交给运算器进行计算和执行，最终将计算结果再写回寄存器，即提取（Fetch）、解码（Decode）、执行（Execute）和写回（Writeback）四个步骤。CPU遵循冯诺依曼架构，按照串行顺序执行，擅长于处理逻辑控制。

如果对CPU进行优化和调整，发展出了GPU、DSP两类常用的芯片。

GPU（Graphics Processing Unit），也称为图像处理器，是一种由大量运算单元组成的并行计算架构，相比于CPU而言，GPU能同时处理多重并行的计算任务，十分有利于处理图像。

DSP（Digital Signal Processer），称为数字信号处理器，它和CPU、GPU有很多相似的地方，最大的区别在于其采用了哈佛结构，而非冯诺依曼结构，使得DSP能即时快速处理数字信号，不强调人机交互，不需要通信接口。

如果将CPU再往上发展一个级别，可以得到MCU。

MCU（Micro Control Unit），微控制器，也称为单片机。在CPU的基础上，增加了存储器RAM和ROM、计数器/定时器及I/O接口，将它们集成在一块硅片上，构成了小而完善的微型计算机系统，形成"芯片级别的芯片"。

CPU、GPU、DSP都是通用的芯片，随着计算需求越来越专业化，如果需要满足某一专门的需求，可以采用定制的方式，设计和制造出专用集成电路ASIC（Application Specific Integrated Circuit）。

ASIC是针对特定算法定制的芯片，可以实现更高的效率和更低的能耗，但是一旦算法改变，芯片就无法使用，而且生产成本也很高。

在ASIC中，现场可编程逻辑阵列FPGA（Field Programmable Gate Array），是比较流行的设计方式之一。

FPGA的基本原理是在芯片内集成大量的数字电路基本门电路及存储器，用户可以通过添加配置文件来定义这些门电路与存储器之间的连线，这种添加不是一次性的，可重复编写定义，重复配置。

FPGA本质上是一种半定制电路，它既解决了定制电路的灵活性差的问题，又克服了通用芯片算力不足、能耗过大的问题。但其本身半定制方式，决定了FPGA的算力还有提升空间，即进一步发展成为完全定制化的人工智能芯片。

谷歌公司为了加快神经网络运算能力，专门研发出了张量处理器TPU（Tensor Processing Unit），其本质上是一款基于神经网络计算的专用ASIC芯片。

除了TPU以外，还有类似的神经网络处理器，如NPU（Neural Processesing Unit）芯片等。无论是TPU还是NPU，它们都是根据人工智能计算需求定制出来的专用芯片。

如果将CPU、GPU、DSP、NPU等不同类型的芯片，外加上接口、储存等电子元件，可以组成片上系统SOC（System on Chip），形成"系统级别的芯片"。

SOC较MCU集成程度更高，功能更加复杂，资源利用效率更高。

如图3.21所示，汇总了不同类型芯片的分类以及集成度。

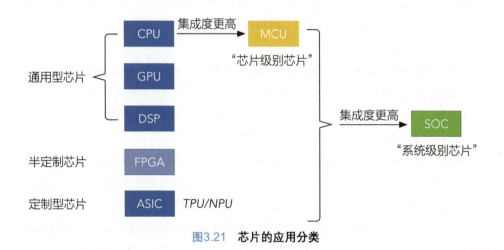

图3.21　芯片的应用分类

（2）传统汽车芯片

传统的汽车电子电气架构是一种分布式的布局，根据汽车功能划分为不同的模块，如动力总成、信息娱乐、底盘和车身等，每一个模块都相对独立，都搭载了相应的芯片，一般采用的都是MCU。

汽车最早的MCU仅用于控制发动机工作，随着技术的进步，MCU承担的功能越来越多，如防抱死系统、安全气囊、变速箱等都需要单独的MCU。一辆汽车一般会搭载50~100个MCU，而MCU也是传统汽车最为常见的部件之一。

总体来讲，这些MCU功能较简单，与外界交互较少，主要为等待、停机、中断等各类控制指令，运算速度低，且储存较小。

随着无人驾驶的推进，传统分布式电子电气架构面临着算力不足、MCU数量大幅增加、MCU数据融合困难、布线复杂度提升、线束成本提升等问题。因此，汽车的电子电气架构逐步由分布式向集中式发展，所用的芯片也发生了很大的变化。

汽车芯片与消费电子芯片有何不同？

无论是手机、平板、还是机顶盒、智能穿戴设备，消费电子芯片主要考量性能、功耗、成本三个指标。

特别是在智能手机时代，芯片的性能强弱是衡量一款机型好坏的重要指标，高的算力能够给游戏等手机应用带来极致体验；在追求性能的同时，也需要考虑功耗，否则容易使机身发烫，待机时间缩短，影响使用体验；由于芯片性能越来越好，芯片的价格也越来越贵，目前已经占到了智能手机售价10%左右，因此也需要控制成本。

汽车用的芯片，需要考虑车规级的影响，更加重视可靠性、安全性和长效性三个指标。

汽车一般工作在 -40~150℃的范围，而消费电子芯片工作温度一般只有0~70℃，再加上汽车在行驶过程中会遭遇更多振动和冲击，还受到外界粉尘和腐蚀，因此汽车芯片工作环境更加恶劣。

智能手机的生命周期一般3年左右，最多不超过5年，而汽车的寿命普遍在15年或20万公里，远大于消费者电子产品寿命要求。因此，汽车芯片产品生命周期要求15年，而供货周期可能长达30年。在这样的条件下，汽车芯片需要保证其可靠性。

不像消费者电子，汽车芯片一旦失效，直接关系到用户生命安全，同时，汽车需要与外界和内部进行通信，还要避免通信过程中被黑客攻击，汽车芯片在设计时，需要保证其功能安全和信息安全。

最后，汽车芯片作为通用的硬件，需要支持多操作系统，同时还要支持软件上的持续迭代升级，保证其芯片在未来5年甚至10年的长效需求。

（3）无人驾驶汽车芯片

在无人驾驶中，传感器感知、定位、路径规划等需要大量并行计算需求，因此CPU并不是很好的选择。

如果用GPU速度会快很多，但是GPU功耗过大，价格相对较高，也因为GPU不是专门针对人工智能算法开发的，因此算力优势没有到达极限。

FPGA具有较高的算力和灵活性，相对于GPU，其开发周期长，复杂算法开发难度大，同时相对于ASIC，其算力还有较大的差距。

ASIC芯片根据产品需求进行设计和制造，具有更高的处理速度和更低的能耗，缺点是研发成本高，研发周期长，可复制性一般，只有用量足够大的时候才能分摊前期投入，从而降低成本。

四种芯片的优缺点见表3.5。

表3.5 不同种类芯片的优缺点对比

芯片类型	优点	缺点
CPU	擅长逻辑控制、串行运算，技术成熟，协调能力强	不擅长复杂算法运算和处理并行操作，算力较低
GPU	可支撑大量并行计算，算力较高	功耗高，AI算力低于FPGA
FPGA	算力较高，灵活性高	AI算力低于ASIC，开发难度大，价格昂贵
ASIC	针对于特殊需求可实现体积小、重量轻、功耗低、性能高的优点	灵活性差，前期投入大

在集中式的汽车电子电气架构下，MCU逐步淡化出了历史舞台。

无人驾驶汽车往往会采用SOC芯片来替代大量MCU作为主运算单元，一颗SOC往往集成了CPU、GPU、DSP、NPU等各类型芯片，再加上外设接口、储存单元等电子器件。在一颗SOC运算单元中，不同类型的芯片各司其职。

① CPU主要负责计算和整体协调，可用于定位、路径规划、自动避障、控制等。

② GPU可用于目标识别和深度学习任务。

③ DSP可用于图片处理和特征提取。

④ FPGA可用于传感器融合、目标跟踪、路况预测等。

⑤ NPU负责和人工智能深度学习计算有关的部分。

无人驾驶比较有代表性的SOC芯片主要应用于智能驾驶、智能座舱、中央网关三个领域。

智能座舱的芯片需要同时支持多块高清屏幕，具备语音交互、手势识别、驾驶员状态监控等功能；智能驾驶芯片一般需要支持环境感知、传感器数据融合、驾驶决策、路径规划等深度学习功能；中央网关芯片在其中起交互连接作用，让各个功能模块在车内互联互通，同时支持连接外部网络、OTA在线升级等。

（4）特斯拉全自动驾驶FSD芯片

这里以特斯拉为实例，让读者对无人驾驶芯片有更多的了解。

特斯拉在2019年发布了全自动驾驶系统FSD（Full Self-Driving），该系统的芯片由特斯拉自己研发而成，搭载在了 Model 3 上。而之前特斯拉自动驾驶系统称为 Autopilot，主要搭载在 Model S 和 Model X 上，系统采用的是 Mobileye 的芯片，具体请参考 1.5 节的内容。

特斯拉 FSD 芯片是一块 SOC 系统级别的芯片，如图 3.22 所示，左图为该系统级芯片不同的功能分区，右图为该芯片实物图。

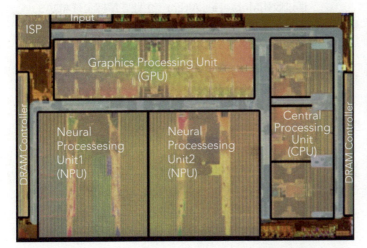

图 3.22　特斯拉 FSD 芯片

从图 3.22 中可以看到，该系统级 SOC 芯片主要由 GPU、NPU、CPU、ISP 四种芯片组成。

中间两块 NPU 芯片是该系统级芯片的核心，承担了 FSD 主要的算力，它们都是定制型 ASIC 的人工智能芯片，每一块 NPU 封装后的尺寸长宽均为 37.5 毫米，NPU 主要作用是负责 FSD 的深度学习和神经网络处理。据悉，特斯拉之所以会采用两块 NPU，主要是为了安全冗余，当其中一块 NPU 发生损坏时，整个系统依然可以正常工作。

而在该系统级芯片中的 GPU，主要负责 FSD 中的图像后处理工作。CPU 负责 FSD 中通用数据的处理和协调工作。

除了 NPU、GPU、CPU 三大性能模块外，该系统级 SOC 芯片还搭载了一块 ISP 芯片，主要作用是进行图像信号和降噪处理。

整个 SOC 系统级别的芯片采用了 14 纳米制程，总体算力达到了 144TOPS（单个 NPU 算力为 72TOPS），系统功耗为 72 瓦，该芯片总共支持特斯拉 Model 3 上 22 个传感器（包括了 1 个三目前置摄像头、6 个摄像头、1 个毫米波雷达和 12 个超声波雷达）。

全球无人驾驶汽车芯片被高度垄断

表3.6汇总了全球的无人驾驶汽车芯片企业情况以及相关布局。

表3.6 全球无人驾驶汽车芯片企业及布局

厂商	国家	产品/市场
英特尔Intel	美国	通过收购Mobieye、Altera等企业，掌握全球ADAS芯片约80%的市场份额与无人驾驶驾驶FPGA芯片约40%的市场份额
高通Qualcomm	美国	全球智能手机的芯片龙头，在汽车领域提供车载资讯系统、驾驶数据平台、电动汽车无线充电解决方案
英伟达NVIDIA	美国	全球GPU芯片的龙头，占据70%市场份额，推出Drive PX自动驾驶平台
德州仪器Texas Instruments	美国	全球第一大数字信号处理器和模拟电路元件制造商
恩智浦NXP	荷兰	汽车5V CMOS逻辑产品第一大厂商，全世界每两辆汽车中有一部采用其防盗技术
英飞凌Infineon	德国	全球每辆汽车中平均搭载了约20块英飞凌芯片
意法半导体ST	瑞士	全球第一大专用模拟芯片和电源转换芯片制造商
瑞萨Renesas	日本	囊括了视觉芯片、认知处理器和用于刹车、转向和油门的微处理器，推出了自动驾驶市场车用计算平台
华为	中国	华为针对于无人驾驶汽车推出了非常丰富的芯片产品，包括了SOC芯片（麒麟系列）、人工智能芯片（昇腾系列）、服务器芯片（鲲鹏系列）、5G通信芯片（巴龙、天罡系列）等，这些芯片大部分由华为旗下海思半导体进行设计，由台积电、中芯国际等进行代工生产。芯片主要用于华为智能汽车业务板块中的座舱、驾驶、计算平台等多个领域

3.6 实现无人驾驶的根本途径——算法

如果说芯片是人工智能的硬件，那么算法就是人工智能的软件。本节介绍有关算法的知识，从基本的定义和分类入手，以百度Apollo自动驾驶平台为例，让读者了解算法在无人驾驶汽车上的应用，最后对典型的算法进行介绍。

3.6.1 算法的基础知识，本质是数学

本节阅读难度：★★

（1）算法的定义

算法，英文名称为Algorithm，该词来源于拉丁语Algoritmi。在我国是以"术"这个词汇表示，出现于东汉的文献《九章算术》中，其中包含了面积、分数、开平方、开立方、勾股定理等方法。

术，指的是技艺和方法，类比到算法，就是描述并解决问题的有效方法。

一个典型的算法具有以下5个特征。

① 输入：有相应的输入条件来刻画运算对象的初始情况。

② 输出：有明确的结果输出。

③ 可行性：执行步骤必须是可行的。

④ 有限性：指令或者步骤的执行次数和时间都是有限的。

⑤ 确切性：指令或步骤都有明确的定义。

可以看到，只要满足以上5个特征，都可以称为算法，而欧几里得算法（Euclidean Algorithm），被人们认为是史上第一个算法，即求最大公约数的方法。

进一步来说，算法并不是数学公式，算法的形式比公式更加复杂，解决的问题更加广泛。

算法也不仅仅是一种程序，算法不依赖于任何一种语言，可以用很多种方法表示出来，如采用口头语言表示出来，也可以用程序代码，如C语言、C＋＋、Java、Python等表示出来，还可以采用流程图、框图、控制表等表示出来。

更广义地来说，算法广泛地应用于多个领域中，如做饭的菜谱、种植水稻的方法，都可以看作是算法。

（2）算法的分类

尽管广义的算法包罗万象，但一般关注的多是为了实现计算程序的算法，给定计算机符合规范的输入，能够在确切的时间内得到需要的输出。

在这个前提下，按照算法实现的方式，可以将算法分为以下6类。

① 递归（Recursion）：反复调用自身函数直到满足某个条件的算法，常用于函数编程中。

② 逻辑（Logical）：通过"与""或""非""大于""小于"等基本逻

辑的组合，实现真假值的判断，逻辑运算是数字电路的基础。

③ 串行、并行、分布式（Serial，Parallel，Distributed）：计算机一次执行一个指令为串行算法；而利用计算机结构优势，利用多个计算机同时处理一个问题则为并行算法；如果将多个计算机通过网络连接起来，则可实现分布式算法。

④ 确定性或非确定性（Deterministic，non-deterministic）：确定性算法是算法的每一步都有精确的决策来处理问题，而非确定性算法是通过猜测来处理问题，如启发式算法。

⑤ 精确或近似（Exact or approximate）：精确算法能找到精确的解，而近似算法会去寻找接近真实解的近似，近似算法可以解决很多人工智能不确定性的难题。

⑥ 量子算法（Quantum）：通过融入量子力学特征（如量子相干性、叠加性、并行性、纠缠性、波函数塌缩等），而构建出的新型的计算模式，量子算法能够大大提高计算效率。

蚁群算法（Ant Clony Optimization）

蚂蚁出动搬运食物的时候，不管地形多么复杂、距离食物多么遥远，它们总能找到一条最优的路径。

每一个蚂蚁一开始都会随机选择一条路径，并且留下记号（信息素）。若干蚂蚁找到了食物，也留下了若干搬运道路的信息。由于路径越短，相同时间内往返的次数就越多，在路径上留下的信息素就越多，蚁群会慢慢聚集到最短的路径上。最后，短路径上的蚂蚁数量总是比长路径上的蚂蚁数量多。

蚂蚁不断重复这个过程，最终总能找到一条最优的路径，这就是著名的"蚁群算法"。

蚁群算法由意大利学者Dorigo、Maniezzo等人在20世纪90年代提出来，具有算法分类中分布式、非确定性、近似算法的特征，也属于机器学习的一种，能够自我学习、不断进化。

一群轻微智能的个体，通过相互协作表现出智能行为，从而求解复杂问题。细细想想，其实和人类社会有很多类似，每一个人就是一只蚂蚁，时时刻刻都在行动和做出选择，人与人之间相互通信交流，最终构建出一个智能的社会。

(3) 算法的本质是数学

人工智能本质上是以算法为核心的产品，而算法的基础是数学，因此，可以将人工智能看成是一套数学理论。

尽管每年都会有大量的算法伴随着各种论文的发表而产生，但是大多数算法都是在已搭好的框架和模型基础上的应用拓展和更新，真正的研究共性问题的底层算法或基础算法很少。

人工智能起源于美国，相关的基础理论和模型框架也来源于美国，而我国可以说是"半路出家"，作为基础学科的数学，在我国也相对薄弱。

尽管当前人工智能产业在我国很活跃，但是产业界所使用的算法大多依靠开源的代码和现有数学模型。真正到了需要专业研究的时候，算法需要从底层进行更改，需要重新建立相关的数学模型和框架，对此，我们仍需努力学习和进步。

3.6.2 算法在无人驾驶汽车的应用，以百度Apollo为例

本节阅读难度：★★★

虽然不同汽车搭载的芯片很有可能来自同一家厂商，但其采用的算法往往都不同。经过大数据训练之后，算法成熟度有高有低，最终在汽车上表现出来的性能、安全、舒适等指标会千差万别。

如同传统汽车芯片MCU一样，算法很早就已经应用在了汽车上，不过都是一些简单的控制指令，代码数量较少，一经写入，也不会被改变。而应用于无人驾驶的算法一般需要具备自我学习功能，在处理问题的广度、深度、准确度等方面都有大幅度提升。

本节以百度Apollo对外开放自动驾驶平台为例，让读者系统地了解算法在无人驾驶汽车上的应用。

百度在2017年4月对外发布了面向汽车行业及自动驾驶领域合作伙伴的软件平台"阿波罗"（Apollo），该平台旨在提供一个开放、完整、安全的软件平台，帮助合作伙伴结合车辆和硬件系统，快速搭建一套属于自己的完整的自动驾驶系统。

如1.1.3节提到的，Apollo包含了感知与定位、计算与决策等无人驾驶汽车核心要素，这里把它细分为感知、定位、预测、规划、导航、控制等六个模块。

（1）感知模块

感知模块，英文名称为Perception，通过安装在车身的激光雷达、摄像头、

毫米波雷达等传感器，实时计算出环境中交通参与者的位置、类别、速度、朝向等信息。

感知模块主要包括了物体检测识别和交通信号灯检测识别两部分。

物体检测识别，即输入摄像头图像数据、激光雷达的点云数据、毫米波雷达数据，输出三种传感器数据融合之后的物体具体信息，位置、形状、类别、速度、朝向等。

Apollo的物体检测识别，涉及到了三种算法。

① 基于激光雷达的点云数据，会用到卷积神经网络（Convolutional Neural Network，CNN）算法，该算法会学习点云特征，输出物体包括高度在内的三维属性。

② 基于摄像头的图像数据，同样用到了卷积神经网络（CNN）算法，输出包括车道、车流量信息在内的物体二维属性。

③ 基于毫米波雷达的数据，采用算法包括ID扩展、噪点去除、检测结果构建及ROI过滤等内容，输出基于毫米波雷达探测的物体结果。

将激光雷达、毫米波雷达、摄像头的输出结果进行融合，会用到多传感器融合算法，该算法包含了融合结果管理、匹配、及基于卡尔曼滤波的物体速度融合等内容，输出物体最终的识别信息。

交通信号灯检测识别，即通过输入两种焦距下摄像头图像数据，输出信号灯的位置、颜色状态等信息。Apollo的交通信号灯识别，主要涉及了两种算法。

① 同样基于卷积神经网络（CNN）算法，首先输出单帧的信号灯状态。

② 进一步通过时序的滤波矫正算法，确认交通信号灯的最终状态。

图3.23所示为Apollo感知模块架构图，包括了物体检测识别和交通信号灯检测识别的两个部分。

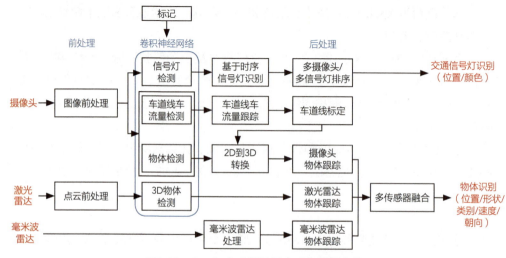

图3.23　Apollo自动驾驶平台感知模块架构图

为了保证输出数据的准确性，往往采用多重算法，会经历数据预处理、融合、后处理再确认的过程。

需要指出的是，采用卷积神经网络的感知模块，也需要对数据进行线下的标记（Labeling），提高数据质量，让人工智能的模型更好进行学习。

（2）定位模块

定位模块，英文名称为Localization，主要目的是实现无人驾驶汽车的厘米级定位。

Apollo主要采用的是多传感器融合的定位系统，图3.24所示为定位模块架构图，包括了惯性测量单元IMU、车端天线、基站、激光雷达及定位地图硬件等。

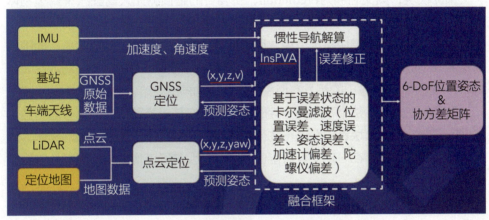

图3.24　Apollo自动驾驶平台定位模块架构图

定位模块核心是融合框架，包含了惯性导航解算和Kalman滤波两种算法，主要目的是将定位模块中各硬件的数据进行融合处理。

定位模块，整个架构由众多子模块构成。

① 激光雷达的点云定位模块，输出的是坐标系中x、y、z和航向角yaw四个信息。采用图像处理Lucas-Kanade算法，获得航向角yaw；采用直方图滤波算法SSD-HF获得x和y；采用定位地图获得z。

② 全球卫星导航系统GNSS的定位模块，输出的是坐标系中x、y、z和速度v四个信息，该模块主要采用的实时动态RTK（Real-Time Kinematic）方法。

③ 惯性导航模块，通过采集IMU内置陀螺仪和加速度计数据，进行惯性导航解算，该模块输出的是姿态、速度、位置信息。

最后，通过Kalman滤波，将点云定位、GNSS定位、惯性导航三个模块融合起来，最终输出包含实时速度、位置、姿态等信息在内的精确定位。

可见，无论是感知，还是定位，布置在无人驾驶汽车上各类型的传感器是基础，如图3.25所示为Apollo自动驾驶汽车传感器布置图。

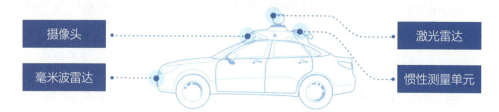

图3.25 Apollo自动驾驶汽车传感器布置图

（3）预测模块

预测模块，英文名称为Prediction，主要目的是预测无人驾驶汽车周边物体的行为。

输入的是从感知模块和定位模块得到自身物体识别信息、定位信息、周围的道路情况（静态和动态）、交通信号信息，还有高精地图的信息（高精地图会在第4章介绍），最终输出的是具有概率的物体运动预测轨迹。

为了保证安全，整个预测模块耗时需要控制在几十毫秒以内，再考虑到芯片算力的限制，预测模块首先会进行物体优先级的判定。对于完全无关的物体，进行忽略处理；对于存在一定交互可能性的物体，会进行谨慎处理；而其他物体，会正常处理。

图3.26所示为Apollo预测模块的前期处理框架图。

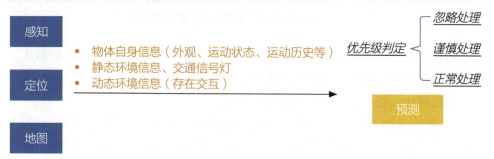

图3.26 Apollo预测模块前期处理框架

来自于感知模块的数据已经对物体进行了分类，一般可以分为机动车、非机动车、行人三类，针对每一类物体，会采用不同预测算法来处理，主要分为了机动车行为轨迹预测和行人行为轨迹预测两大类。

首先是**机动车行为的轨迹预测**。机动车行为有三个特征，轨迹受到车道线、路口形状等车辆动力学限制，同时也高度依赖于这些地理信息（需要高精地图），其次在常规道路和交通路口的行为特征差别很大。

基于以上三个特征，采用的策略是先对机动车的意图进行预测，即汽车会选择哪条车道，会不会有变道的意图，或者说汽车进入路口后，是会转弯、还是直行等。

有了车辆的意图，再结合汽车的运动学原理，绘制出具体的轨迹。

图3.27所示为机动车行为的轨迹预测流程图。

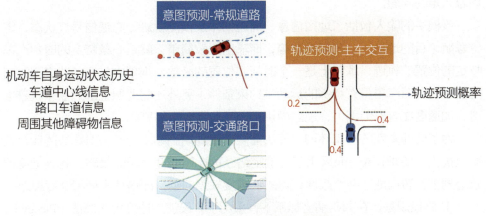

图3.27　机动车行为轨迹预测流程图

① 机动车意图预测。首先在常规道路采用的算法，是长短时记忆LSTM（Long-Short Term Memory），输入的是机动车自身运动状态历史和车道中心线信息，输出的是机动车选择每一条车道的概率。

在交通路口采用的算法，是基于语义地图的交通路口车道选择预测神经网络，输入的是机动车自身运动状态历史、路口车道信息、周围障碍物信息，输出的是机动车选择车道的概率。

② 考虑与主车交互的轨迹预测。有了机动车意图预测，下一步是生成机动车具体的轨迹，同时考虑到了与主车之间的交互，主要算法是针对于众多采样的轨迹，应用代价函数，输入的是机动车的意图，输出的是根据代价的大小选择的最为合理的轨迹，再进行似然估计，输出最终轨迹预测概率。

相比于机动车行为的轨迹预测，**行人行为的轨迹预测**更加复杂。

行人的行为更加地发散、更加地自由和多元，同时，行人对于地理位置依赖小。此外，行人和周围障碍物交互会很多。

采用的算法，是基于注意力机制（解决交互问题）的长短时记忆LSTM算法，输入的是行人自身运动状态历史和周围障碍物信息，输出的是行人未来n秒的轨迹点。

可以看到，在预测模块，常用到的深度学习算法是递归神经网络RNN（Recurrent Neural Network），LSTM属于RNN的一种。本书会在下一节单独介绍CNN和RNN算法。

（4）规划模块

规划模块，英文名称为Planning，这个模块主要目的是为无人驾驶汽车规划出一条安全、舒适的轨迹，并在合理时间内到达规划的目的地，主要是解决汽车该怎么走的问题。

该模块的输入包括了地图信息、周边物体及预测轨迹、交通信号灯状态、定位导航（目的地是）、车辆状态等，而输出比较简单，就是一条特定的时刻汽车特定的位置的轨迹，本质上是一个时间到位置的函数。规划中包含了速度和时间的信息，同时汽车具有特殊的运动学约束条件，另外还需要保证舒适性（轨迹平滑、加速度在容忍范围），规划模块包含了非常复杂的算法。

为了处理多变的行车环境，算法需要以短周期高频率运行，对算法的计算效率也提出了要求，Apollo采用了先确定路径再计算速度分配的策略，将高维度的轨迹规划，转换成了两个顺序计算的低维度规划问题，即路径规划和速度规划。

① 路径规划。在弗莱纳坐标系下，采用了分段加加速度优化算法（Piecewise Jerk Path Optimization Algorithm）。

输入的是光滑道路指引线、车辆运动状态（位置、朝向、即时转向、速度与加速度）、环境中静态障碍物信息、车辆自身属性（几何尺寸、轴距、最大转向角等）。

输出的是连续曲率的平滑行驶路径。

② 速度规划。采用的是启发式速度规划算法和分段加加速度算法，采用启发式速度规划算法对速度进行粗略估计，之后用分段加加速度算法进行平滑。

输入与路径规划相同的参数，输出的是安全舒适的速度分配。

（5）导航模块

导航模块，英文名称为Routing，即规划出起点到终点的最优路径，与预测模块不同，导航模块关注的是整体规划路径，不需要考虑路况、障碍物等信息，其实就是常用到的地图导航。

进一步来说，无人驾驶汽车会先由导航模块生成整体导航轨迹，然后根据导航轨迹和路况的情况，再沿着由规划模块规划出的每一段具体短期轨迹行驶，直到目的地。

因此导航模块会比规划模块简单得多，常采用Dijkstra算法和A*算法，输入的是地图数据和目的地信息，输出的是用于全局导航的规划路径。

（6）控制模块

控制模块，英文名称为Control，作用是根据规划模块生成的轨迹，计算出无人驾驶汽车加速、减速、转向信号，实现对汽车的最终控制。主要包括了纵向控制和横向控制两类。

① 纵向控制，采用的是PID控制和模型预测控制MPC（Model Predictive Control），输入定位信息、车辆底盘信息、规划轨迹，输出加速（油门）和减速（刹车）的命令。

② 横向控制，采用的是线性二次调节器LQR（linear quadratic regulator）和模型预测控制MPC，输入定位信息、车辆底盘信息、规划轨迹，输出转向（方向盘控制量）的命令。

以上就是Apollo自动驾驶算法介绍，包括了感知、定位、预测、规划、导航、控制6个主要模块，它们之间的逻辑关系如图3.28所示。其本质还是在1.1.1节中提到的"传感器—控制器—执行器"汽车电子这个最基本的逻辑。

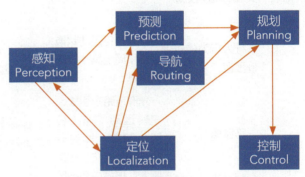

图3.28 Apollo自动驾驶平台系统框架

最后，Apollo在不断地升级，算法也在不断优化，作为读者，不需要去详细了解每一个模块里面和算法有关的数据计算公式等，只需要从系统层面了解每一个模块的输入和输出，理清每一个模块的逻辑关系即可。Apollo所涉及的自动驾驶算法见表3.7。

表3.7 各模块的输入、输出及涉及的算法

模块	子模块	输入	输出	涉及算法
感知	物体检测识别	摄像头图像数据、激光雷达点云数据、毫米波雷达数据	物体具体信息，位置、形状、类别、速度、朝向等	○ 卷积神经网络（CNN）算法 ○ ID扩展、噪点去除、检测结果构建及ROI过滤 ○ 多传感器融合算法
	交通信号灯检测识别	两种焦距下摄像头图像数据	信号灯的位置、颜色状态等信息	○ 卷积神经网络（CNN）算法 ○ 滤波矫正算法

续表

模块	子模块	输入	输出	涉及算法
定位		惯性测量单元IMU、车端天线、基站、激光雷达、定位地图数据	无人驾驶汽车实时速度、位置、姿态等信息	○ 惯性导航解算 ○ Kalman滤波 ○ 实时动态RTK ○ Lucas-Kanade算法 ○ 直方图滤波算法SSD-HF
预测	机动车行为的轨迹预测，包括意图预测和主车交互的轨迹预测	机动车自身运动状态历史、车道中心线信息、路口车道信息、周围其他障碍物信息	机动车选择每一条车道的概率	○ 长短期记忆人工神经网络LSTM ○ 基于语义地图的交通路口车道选择预测神经网络 ○ 应用代价函数
	行人行为的轨迹预测	行人自身运动状态历史和周围其他障碍物信息	行人未来 n 秒的轨迹点	○ 基于注意力机制的长短时记忆算法LSTM
规划	路径规划	光滑道路指引线、车辆运动状态（位置、朝向、即时转向、速度与加速度）、环境中静态障碍物信息、车辆自身属性（几何尺寸、轴距、最大转向角等）	连续曲率的平滑行驶路径	○ 分段加加速度优化算法
	速度规划		安全舒适的速度分配	○ 启发式速度规划算法 ○ 分段加加速算法
导航		地图数据和目的地信息	用于全局导航的规划路径	○ Dijkstra算法 ○ A*算法
控制	纵向控制	定位信息、车辆底盘信息、规划轨迹	加速（油门）和减速（刹车）的命令	○ PID控制 ○ 模型预测控制MPC
	横向控制	定位信息、车辆底盘信息、规划轨迹	转向（方向盘控制量）的命令	○ 线性二次调节器LQR ○ 模型预测控制MPC

3.6.3 无人驾驶汽车典型算法，CNN和RNN

本节阅读难度：★★★

通过对Apollo自动驾驶平台算法进行解析，可以看到经常出现卷积神经网络和递归神经网络这两种应用最为广泛的深度学习算法，本节对它们进行深入介绍。

（1）卷积神经网络CNN

卷积神经网络CNN本质是模拟人类视觉的工作原理。

如图3.29所示，为人类视觉的工作原理，人类是通过逐层分级来进行物体识别的。

从最底层人眼瞳孔摄入的像素开始，人类大脑皮层细胞先对这些像素进行初步处理，发现各种边缘，然后将这些边缘向上抽象成更具体的特征（如质地、纹理等），之后人大脑再将不同的特征组合起来，形成了相应的图像，最终能够区别不同的物体。

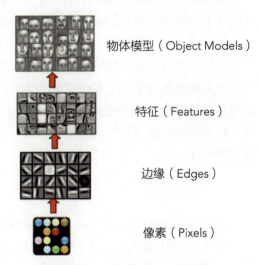

图3.29　人类视觉的工作原理

卷积神经网络的工作原理十分类似，在神经网络基础上构造不同的层级，较低层的识别边缘，边缘进一步组合为更上一层的特征，最终通过多个层级特征组合，实现识别和分类的功能，即学习过程从边缘、到特征、再到整体。

和传统神经网络相比，卷积神经网络能够将数据量庞大的图像识别问题不断降维，最终使其能够被训练。

具体如何实现？这里以识别小狗图片为例进行说明。

卷积神经网络可以分为卷积（Convolution）、池化（Pooling）、全连接（Full Connected）三个步骤，如图3.30所示。

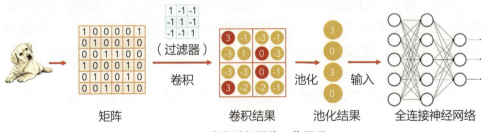

图3.30　卷积神经网络工作原理

第一步，将图片转化为像素点，用可以被机器识别的矩阵表示出来。然后用不同的过滤器进行卷积。

过滤器的本质也是矩阵，通过该矩阵将输入图片中的"相似特征"（与过滤器相同矩阵）给筛选和过滤出来，得到卷积结果，其值越大，说明这个特征越明显。

第二步，将卷积结果进行池化，所谓的池化，就是在第一步中的卷积结果（矩阵）中挑选出最大的值，再组成更小的矩阵。

第三步，把最后池化的结果，连接到神经网络中（请参见2.4节深度学习），最后就可以输出预测结果了，完成分类。

卷积神经网络实际上是传统深度学习的进一步优化，在这个过程中，通过不断卷积和池化，所需要处理的数据量越来越小，同时特征也就越来越明显。因此，卷积神经网络是计算机视觉、图像识别等领域用于特征提取效率最高、效果最好的算法。

（2）递归神经网络RNN

递归神经网络RNN（Recurrent Neural Network），也称为循环神经网络。

RNN与CNN其实共用大部分的架构，不同之处在于，RNN添加了反馈环路的存储器，也就是有些层的输出会被反馈给前一层的输入，构成一个反馈的环路。

如图3.31为RNN的网络结构。

CNN是一种前馈神经网络，每个神经元只与前一层的神经元相连，数据从前向后单向传播，其内部结构不会有循环，样本的处理在各个时刻是独立的。因为有了反馈回路，RNN有了记忆功能，可在时间上传递，这样就可以预测一系列单词的后续内容。

图3.31　RNN的网络结构

例如，对于"我刚跑了10公里，需要来一杯＿"这句话，人类可以通过过去的经验来猜想，填入"水"一词。得益于RNN反馈和记忆功能，它可以预测接下来会发生什么，通过对类似以"水"结尾的句子的足够训练后，完全可以和人类一样做出解答。

但RNN有短期记忆的问题，无法处理很长的输入序列，为此发展出了长短时记忆LSTM。

LSTM通过门的开关，实现时间上的记忆功能，防止时间梯度上的消失，LSTM可以被简单理解为是可以让长期信息进行保留的RNN。

RNN和LSTM都只能依据之前时刻的时序信息来预测下一时刻的输出，但在有些问题中，当前时刻的输出不仅和之前的状态有关，还可能和未来的状态有关系。比如预测一句话中缺失的单词不仅需要根据前文来判断，还需要考虑它后面的内容。因此，发展出了双向神经网络BRNN（Bi-directional RNN），将两个RNN上下组合叠加在一起，而输出由这两个RNN的状态共同决定，这里不再深入介绍。

（3）CNN和RNN的重要作用

CNN可将大数据量的图片降维成小数据量，同时能够有效地保留图片特征，解决了图像处理领域中成本高、效率低、识别率低的难题。

RNN对于依赖于时间序列的文本生成、自然语言处理、语音识别、手写体识别、机器翻译等应用非常重要。

除了无人驾驶汽车，CNN广泛地应用于医学成像、石油勘探、聚变能研究等领域，而RNN也正在加速语音的革命，为包括手机在内的大量智能设备提供听力和语音的能力。

如果说CNN如同"眼睛"，那么RNN就是"耳朵"和"嘴巴"，它们在实际应用中常常都混合着使用。RNN和CNN的快速发展，再加上GPU等芯片的支撑，使得大部分的人工智能应用都成为了可能。

从感知机，到深度学习，再到CNN和RNN，结合在2.4节介绍的深度学习知识，汇总了深度学习算法的递进过程（图3.32），是从感知机开始，不断地优化和解决每一步出现的问题。

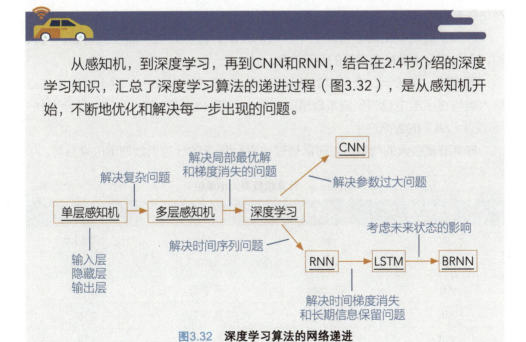

图3.32　深度学习算法的网络递进

3.7 大数据,无人驾驶的"金矿"

大数据一词最早出现在美国未来学家托夫勒(Alvin Toffler)于1980年所著的《第三次浪潮》中。2008年,《自然》杂志推出了"大数据"的封面专栏,大数据开始崭露头角,在2009年成为了信息技术行业的热门词汇。

大数据出现伊始,就受到各方的热切关注,大数据被视为数字经济的"金矿"和"新石油",是国家的基础战略资源,也是企业核心资产和竞争力。

本节主要聚焦大数据如何支撑人工智能发展,缺乏大数据的支撑,以人工智能为基础的无人驾驶汽车也就无法实现。

3.7.1 大数据的基础知识,隐私是最大的挑战

本节阅读难度:★

(1)大数据有多大

自计算机被发明后,各行各业产生的数据开始被记录在数据库中,数据的生产是被动的;伴随着互联网的出现,人们开始使用社交网络等媒介主动产生数据;随着物联网发展,各种各样的感知层节点(传感器、摄像头等)也开始自动产生数据。

经历了被动、主动、自动三个阶段的发展,数据开始了爆发式增长,可以说,大数据是人类社会发展的必然产物。

据统计,2020年,全世界的数据量约为44泽字节(ZB),这个数据量是目前人类可在宇宙中观测到星星数量的40倍。而预计到2025年,全球预计会有165泽字节(ZB)的数据产生。

泽字节是多大的数量级?可以通过如表3.8所示的计算机数据单位来参考。

表3.8 计算机数据大小单位

缩写	英文名称	中文名称	大小
b	bit	比特	(1/8)B
B	Byte	字节	1B
KB	Kilobyte	千字节	2^{10}B
MB	Megabyte	兆字节	2^{20}B
GB	Gigabyte	吉字节	2^{30}B
TB	Terabyte	太字节	2^{40}B

续表

缩写	英文名称	中文名称	大小
PB	Petabyte	拍字节	2^{50}B
EB	Exabyte	艾字节	2^{60}B
ZB	Zettabyte	泽字节	2^{70}B
YB	Yottabyte	尧字节	2^{80}B

更形象的描述，如图3.33所示：1TB（太字节）的数据可以通过一块普通硬盘存储；而1PB（拍字节）的数据大约需要2个机柜进行储存；

普通硬盘
~1TB

机柜 x 2
~1PB

篮球场 x 21
~1EB

图3.33 **大数据的存储空间**

1EB（艾字节）的数据大约需要2000个机柜进行储存，如果将这些机柜放入机房，需要约21个标准篮球场大的机房才能放得下。

(2) 大数据的特征

大数据，泛指无法在可容忍的时间内，通过常用数据处理工具进行捕获、整理、管理、分析，多样的、复杂的、大规模的数据集。

大数据可以通过以下特征来描述。

① 容量：生成和存储的数据量的大小，决定了数据的价值和潜在的信息，以及是否可以将其视为大数据，大数据的大小通常大于TB（太字节）和PB（拍字节）。

② 类型：可以将大数据分为三种类型：一是可以整齐地列入由行、列组成的图标或矩阵，具有关系型的"结构化数据"；与之对应的是没有固定结构的非结构化数据，如图片、音频、视频等；还有介于结构化和非结构化之间的半结构数据，如可扩展标记语言XML（Extensible Markup Language）数据。非结构化数据更难让计算机理解，但却是大数据主要的组成部分。

③ 速度：获取、生成、处理数据的频率。这些频率越来越快，瞬息万变，让大数据更加实时和可用。

④ 真实：即数据质量。数据质量的差异，决定了数据最终的应用价值，价值是大数据的核心本质。

也就是，大数据是以容量大、类型多、速度快、应用价值高为主要特征的数据集合。

（3）大数据的技术和产业链

从大数据的生命周期来看，一般需要经过采集、预处理、存储、分析四个步骤，才能让数据充分释放其价值。它们也组成了大数据的核心技术，这里进行简要介绍。

① 采集：将海量的零散数据写入数据仓库中，包括了从数据库采集、从网络采集以及文件采集三种方式。

② 预处理：目的是提高数据质量，包括了清理（将遗漏数据、噪声数据和不一致数据进行处理）、集成（合并存放到统一的数据库）、规约（在保证质量前提下，将数据量进行精简）、数据变换和离散化（将数据变换成适用于挖掘的形式）四个内容。

③ 储存：指用存储器，以数据库的形式，存储采集到的数据，包括了基于大规模并行处理MPP（Massive Parallel Processing）架构数据仓库、基于开源分布式Hadoop架构数据仓库等。

④ 分析：通过各种算法，对数据进行可视化、预测性、关联性分析等，这也是人工智能与大数据主要的结合点。

进一步分析，大数据产业包括数据采集和整合、数据处理和储存、数据分析和挖掘、数据应用和消费四大主要环节，它们形成可上游拥有数据、中游处理数据、下游使用数据的完整产业链，如图3.34所示。

通过技术手段从互联网、移动终端、物联网、应用软件等采集数据，然后把数据按照一定的规模进行处理并存储，再按需求调用数据，通过人工智能算法等进行分析和挖掘，将数据转化成有价值信息或产品，为不同领域的决策支持、效率提升、产品创新提供依据。

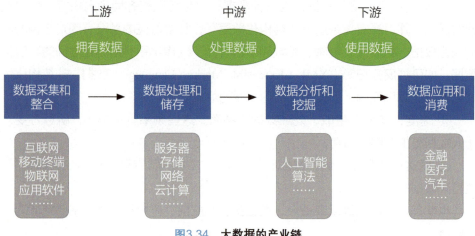

图3.34 大数据的产业链

（4）大数据的价值

大数据已经广泛地应用在金融、医疗、汽车等各行各业。

预测是大数据最典型和最直观的价值体现，通过使用人工智能等算法，揭示关系、预测结果、行为。大多时候很难挖掘出现象背后的原因，根本也不需要知道背后的因果，需要通过大数据发现相关性，应用到后续的活动中，就可以创造巨大的经济或社会价值。

而预测与机器学习息息相关，人工智能的实现过程，本质上就是对大数据进行处理和分析的过程，而只有通过机器学习分析之后的大数据，才能发挥出预测的价值。

大数据"抗疫"

相信读者对2020年初暴发的新型冠状病毒肺炎疫情仍记忆犹新。小到社区，大到国家部委，大数据都是其工作中不可或缺的防疫工具。如果说医院是疫情的主战场，那么大数据就是战"疫"斗争的"隔离墙"。

在预警方面，通过监控用户频繁搜索的关键词信息，可以提前筛查出不明原因的未知疾病，与数据库中资料进行对比，能帮助找出可能病源，也能为疫情提供实时精准预警及研判。

在筛查、追踪传染源方面，利用实名制售票大数据优势，可以提供确诊病人交通工具上密切接触者信息，同时分析春运人群迁徙，具体到哪些城市，使地方政府掌握进入城市人数、疫区人数和体温异常情况。健康码在各大城市使用，用于识别是否接触过感染者或去过疫区，从而判断是否需要被排查和隔离。

在信息传播和管控上，大数据能精确到每个小区的确诊、疑似、死亡的新增及累计数据详情，充分保障公众知情权。互联网平台开通的辟谣功能，依托大数据实现信息共享、快速查询，谣言的破除速度大大提升。

在医疗物资调度上，通过大数据进行供应链管理，让物资以最短的物流途径、最短的运输时长，从生产线直接到达疫区，同时运用大数据优势加强疫情联防联控，截断假冒伪劣口罩流向市场。

大数据，是这场疫情防控战最有力的"科技弹药"。

（5）大数据的挑战

既然数据变成了资产，同时也会成为人们的隐私，隐私安全是大数据最大的挑战。

在家庭和工作等日常活动中产生的数据，时时刻刻都被收集、利用和监视着，在大数据面前，人们其实没有任何隐私可言。

因大数据隐私被侵犯的案例也层出不穷，最典型的是互联网服务提供商利用人们的数据进行"大数据杀熟"，形成"千人千价"，提高自身的利润，最终受害的却是消费者。

此外，一旦数据被泄露或非法交易，将造成不可预知的后果。

大数据时代，人们的隐私范围扩大，隐私权利归属变得更加复杂，隐私保护的难度也大大提高，另外还涉及到了道德伦理的层面。

大数据本身的技术属性就是要搜集广阔的用户数据，但是另外一方面，当前的社会秩序、隐私保护技术、法律法规、道德伦理意识并不能适应大数据技术的发展。

隐私保护，是当前也是未来大数据最重要的挑战。

3.7.2 大数据在无人驾驶汽车的应用

本节阅读难度：★

基于上一节分析，大数据有着非常广泛的应用，具体在无人驾驶汽车上的应用，大体有以下四个方面。

（1）实现车联网

大数据对汽车本身的价值在于可以实现汽车联网，帮助汽车实现辅助信息交互、协同感知、协同决策与控制。

① 辅助信息交互：基于汽车与道路、汽车与后台的通信，可将实时性要求不高的数据（交通信号标志、油耗、里程、地图、流量、娱乐数据等）上传，能为汽车提供辅助导航、交通信息提醒、娱乐服务等支持。

② 协同感知：基于汽车与汽车、汽车与道路、汽车与基础设施、汽车与行人、汽车与后台的通信，实时获取车辆周边交通环境数据，与汽车传感器的感知信息进行融合，作为无人驾驶汽车决策与控制的输入，可以实现对驾驶行为的辅助，如驾驶盲区预警、紧急制动预警、道路湿滑提醒等。

③ 协同决策与控制：基于汽车与汽车、汽车与道路、汽车与基础设施、汽车与行人、汽车与云平台的通信，实时并可靠地获取车辆周边交通环境数据以及车辆决策数据，与其他车辆、设施等交通参与者信息进行融合，可以最终实现无人驾驶等功能。

需要指出的是，通过大数据，无人驾驶汽车不需要搭载昂贵精确的传感器和高算力的芯片,通过汽车与汽车之间的协同控制,能够实现无人驾驶。

(2)交通智能化

从更宏观的层面,大数据能实现交通系统智能化,达到安全、通畅、低公害和耗能少的目的。

传统交通数据来源非常有限,数据也已经被挖掘得差不多,必须有更大量的数据进行输入,而大数据赋能下的车联网带来了契机。

首先,可以基于路况特征、车辆性能、驾驶员操作习惯等数据,为汽车提供更加节能减排、降低驾驶疲劳程度的行驶方案。

其次,可基于道路环境、路线行驶、不同领域行驶需求,通过流量控制、交通诱导等策略,对汽车的出行节奏进行控制,达到交通系统的全局优化。

再次,对于突发的交通事故,大数据通过对交管、医疗、保险等资源的有效调度,可以大幅提高道路安全救援、道路管理的效率。

(3)政府监管与城市应用

政府服务平台,可以通过大数据持续演进人工智能算法,实现公交路线优化调整,提高线路运输能力,维护更新设施设备,改善绿色出行条件,完善步行、自行车交通管理,等等。

交管平台,可以通过大数据对车载系统交互数据、行驶数据、控制数据在线监控,助力交警部门维护道路交通秩序、保障道路交通安全畅通、依法纠正和处罚交通违法行为、排查嫌疑车辆、实施交通管制等。

此外,消费者的驾驶行为数据、车辆性能数据,加上车主人物画像和基于网联车辆的互联网行为,可以寻求个性化保险、租车、消费、出行等精准服务。

(4)无人驾驶汽车的开发

数据是人工智能和深度学习的基础粮食,是无人驾驶系统的核心,数据处理效率决定了算法研发和迭代的效率。

目前无人驾驶发展比较初级,算法的迭代需要大量的实际路测数据,该数据需要长时间积累和测试。

以特斯拉为例,通过采用影子模式(Shadow Mode),搜集车主真实的运行数据,这些数据会被采集到特斯拉的仿真平台上,用于特斯拉无人驾驶算法的迭代。

特斯拉的"影子模式"

特斯拉在2019年4月,对外发布了影子模式,原理是让特斯拉汽车自动驾驶软件处于开启状态,传感器探测车辆行驶道路周围的数据,但驾驶操作完全由人来完成,机器不参与驾驶。在人的驾驶过程中,机器就能学习人的驾驶操作,从而达到提升自动驾驶软件的目的。

通过影子模式,使得特斯拉不用耗费大量资源进行道路测试,而全世界特斯拉车主都是特斯拉的"测试员"。

这些数据是车主真实跑出来的数据,数据质量非常高,使用这些大数据进行机器学习,准确度有更多的保障,这些数据也成为特斯拉的核心资源和竞争力。

大数据通过与人工智能算法结合,能够极大加快无人驾驶汽车的开发,还可以不断改善用户体验。

无人驾驶汽车的数据标注

无人驾驶汽车是否能检测出各类障碍物,做出准确的预判和决策,很大程度上取决于是否输入了高质量的训练数据。

对于传感器感知到的原始数据,需要进行框选、提取、分类等一系列处理,转化为机器学习可以识别的专业数据,称为数据的标注。

经过标注的数据才能被使用,图3.35所示为无人驾驶汽车数据标注,主要包含了八个类别。

① 3D点云:用3D框的形式框选出雷达图中所有可移动物体(轿车、自行车、行人等)。

② Track ID:对汽车、行人、路障等标注ID以进行追踪。

③ Freespace:对可行驶的区域进行标注、边界线分割、道路语义分割。

④ 人体:对行人进行拉框、标点。

⑤ 车辆:对车辆进行拉框、标点。

⑥ 车道线:对路面上的车道线标注对应的属性。

⑦ 交通标志:对交通牌、交通灯进行拉框。

⑧ 人脸:人脸的特征进行标点(眼睛、鼻子、嘴巴)用于人脸识别,对人脸上下眼睑进行画线,用于监测是否闭眼。

图3.35 无人驾驶汽车数据标注的类型

3.8 无人驾驶的场景

场景，即描述环境的快照，包括景观、动态要素、行为者和观察者的表现及关系。本节为读者介绍无人驾驶的场景，分为开发过程场景和商业应用场景两部分内容。

3.8.1 没有场景，无人驾驶无从谈起

本节阅读难度：★★

（1）为什么需要场景？

现实世界中，汽车驾驶场景难以计数，十分复杂且不可预测，也难以被描述，另外一方面，现有无人驾驶技术仍处于发展阶段，无法保证汽车可以适用于任何驾驶场景中，因此，找到适用于无人驾驶的场景十分重要。

在无人驾驶设计开发中，通常将无人驾驶汽车的场景表达为设计运行域（Operational Design Domain，ODD），定义出无人驾驶系统运作的前提条件及适用范围。

只有当设计运行域的全部条件都满足时，才能开启无人驾驶。当欠缺任何一个条件时，需要采取紧急停车或是驾驶员手动接管。

> **本田L3级别自动驾驶汽车的自动驾驶域**
>
> 日本本田汽车在2020年对外发布了L3级别自动驾驶汽车（品牌名为"传奇"），是全球第一款量产的L3级别自动驾驶汽车，获得了日本政府的安全认证，可在日本合法使用其自动驾驶系统。
>
> 这款车的设计运行域ODD（也即自动驾驶系统开启条件）定义如下。
>
> ① 系统不得损害汽车乘员或其他道路使用者的安全。
>
> ② 系统运行时需要满足所有必须的可驾驶环境条件。
>
> ③ 在达到可满足自动驾驶环境条件前，必须警告驾驶员将控制权移交给汽车，直至交接完成。
>
> ④ 当无法进行交接时，必须停止汽车。
>
> ⑤ 系统必须具有驾驶员监视功能，以监视驾驶员的状况。
>
> ⑥ 系统必须采取网络安全措施以防止安全威胁。
>
> ⑦ 新车必须配备记录设备，来确保记录6个月（至少2500次）的自动驾驶使用数据，以显示何时打开或关闭系统，何时向驾驶员发出移交警告以及何时驾驶员无法移交的情况。
>
> ⑧ 配备该系统的汽车还必须带有特殊标签，以标识其具有自动驾驶功能。

ODD是否全面细致，可以反映出自动驾驶方案是否成熟，而ODD设定的条件宽松与否，也反映出自动驾驶成熟度的高低。

从L1和L2级别的辅助驾驶，到L3级别以上的自动驾驶，随着自动化程度不断提高，ODD逐渐变宽松，最终到L5级别的无人驾驶，ODD被定义为任何驾驶场景。

因此，在无人驾驶汽车开发过程中，需要提前设定好ODD，通过限制行驶环境和行驶方法，将有可能发生的事故防患于未然。

（2）设计运行域的构建

在进行无人驾驶汽车产品设计时，第一步就是场景的构建，设计运行域就是场景的映射，同样具有复杂、不可预测、难以描述的特征。

目前系统地构建设计运行域的方法很多，但思路都是一样的。即从不同角度对设计运行域进行要素抽象，对抽象出来的要素设定属性和属性值，通过对一个个属性进行赋值，构建出设计运行域。

如表3.9所示，为典型的无人驾驶设计运行域的构成，包括了基础设施、驾驶操作限制、周边物体、互联、环境条件和区域六大要素，每一要素设定了相应的属性，按照属性可以再进一步分类和赋值。

表3.9 无人驾驶设计运行域构成

要素	属性	属性值/分类
基础设施	道路	高速公路、乡村道路、城市道路、城乡结合道路、停车场、车库等
	路面	沥青路面、混凝土路面、碎石路面、减速带、草地、越野路面等
	道路边缘	车道线、路肩、护栏、栏杆等
	道路几何	直路、弯路、坡道、转角、车道宽度等
驾驶操作限制	限速	允许的最高车速和最低车速
	交通条件	交通流量（最低、峰值、正常）和交通条件变化（事故、紧急车辆通行、维修、封路、特殊事件等）
周边物体	标记	交通标志、交通信号灯、斑马线、铁路道口、呼救、施工标志，道路使用者发出的信号、手势等
	道路使用者	各种类型的车辆、行人、骑行人员等
	非道路使用者/物体	动物、工程设备、路面障碍物等
互联	车与任何事物的通信（车联网）	车与车、车与基础设施、车与人、车与云平台等
环境条件	天气	风、雨、雪、雨夹雪、气温等
	受天气影响的道路条件	积水、淹没、结冰、积雪等
	颗粒物	霾、烟雾、灰尘等
	光照	时段（白天、夜晚等）、道路周边设施照明（路灯、建筑灯光）、车灯
区域	地理围栏（Geographical fence）	用一个虚拟的栅栏围出一个虚拟的地理边界，如中央商务区CBD、园区、停车场、矿山等
	交通管制区域	临时车道封闭、动态交通标志、可变限速标志、临时车道标记、人工交通引导等
	学校/施工区域	动态限速、行人和车辆行为
	国家/地区	交通法规、交通标志差异
	信号干扰区域	隧道、停车场、茂密的树林、高层建筑等

在无人驾驶汽车开发过程中,需要参照表3.9中的内容,一步一步为每一个要素赋值,从而构建出设计运行域。

(3)场景的具体分类

除了设计运行域外,还可以基于无人驾驶汽车的开发流程,将场景分为以下三类。

① 功能场景(Functional Scenarios):应用于概念阶段的场景,主要通过语义来描述域内实体与实体之间的关系。该场景最为抽象,数量也较低,用于项目定义、危险分析、风险评估等。

② 逻辑场景(Logical Scenarios):应用于产品开发阶段的场景,是功能场景的进一步描述,通过定义相关参数,来描述域内实体与实体之间的关系,常使用概率的方法为每个参数指定范围。

③ 具体场景(Concrete Scenarios):应用于验证和测试阶段的场景,即采用确定的参数值来描述域中实体与实体之间的关系。该场景最为具体,对于每一个具有连续取值范围的逻辑场景,可以衍生出任意数量的具体场景。

如图3.36所示,为无人驾驶汽车开发过程中使用的三大场景。

功能场景以语言方式进行描述,最为抽象,作为无人驾驶汽车概念阶段的输入;逻辑场景进一步指定参数并定义参数的范围,用于无人驾驶汽车产品开发;最后,由逻辑场景衍生出大量的具体场景,需要为每个参数指定具体值,作为测试验证阶段的基础。

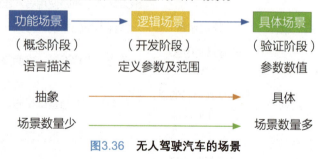

图3.36 无人驾驶汽车的场景

场景广泛地应用于无人驾驶汽车开发的各个阶段,没有场景,无人驾驶汽车就无从谈起。

3.8.2 无人驾驶汽车的七大商业应用场景

本节阅读难度:★

前一节的内容侧重于无人驾驶汽车开发过程中的场景,这里为读者介绍商业应用场景。

从技术应用的难易情况及当前法律法规的影响程度来讲,无人驾驶汽车商业化应用场景总体遵循"先封闭后开放,先载货后载人"原则。无人驾驶汽车率先应用在限定场景下的封闭区域,其次推广至半封闭的物流、配送、出租车等领域,最后是私人场景的无人驾驶。

从场景由简单到复杂,对无人驾驶汽车当前典型七大商业应用场景做如下介绍。

(1)封闭场景物流或通勤:已具备商业应用基本条件

港口内部、物流园区、机场等货物运输场景,封闭性较强,安全管控程度严格,相比于公开道路,车辆运行环境简单得多,且法律法规问题较少。

通过在场区搭建高精地图、车联网等,将车辆与场区管理平台联网,由平台统一控制及调配,可以实现远程遥控、或完全无人化安全运行。

除此之外,在机场候机厅到远机位、办公园区内短程运输、景区观光游览等封闭或半封闭场景,环境较规整、车辆速度较低、安全易控制,也可以实现类似的乘客运输服务。

目前封闭场景物流或通勤,无人驾驶汽车已经具备了商业应用的基本条件,在技术、成本等方面没有太大的阻碍。不过受制于港口、机场等各场景的特殊性,无人驾驶技术难以复制到其他场景中。

(2)无人配送:小批量生产

在外卖等末端配送场景,一般车辆体型较小,车速较慢,风险程度也很低。采用无人配送小车替代配送人员,可以满足信件、药品、夜宵等部分快递需求,也可以节省人力成本、提高配送效率,最终还能够与零售、物流、安防等结合起来,形成无人配送服务体系。

目前无人配送一般有两种形式,一是从取货、取餐地点到目的地门口,二是在办公楼、居民楼、小区内部"送货到家"。

第一种方式无人配送小车主要行驶在城市非机动车道中,目前面临路权等法律法规的问题;第二种方式可以将配送小车视为具有服务功能的机器人,不受到法律法规过多的约束,但需要实现小车与场景内的自动门、电梯等系统互联。

目前国内很多公司已经开始了无人配送车辆的小批量生产和测试。

(3)干线物流:与人类司机协作

在干线物流的场景下,货车、重卡一般行驶在高速公路上,行驶路线往往是固定路段,相比城市道路,高速路况更为规整,难以出现行人、非机动车混行的场面。

采用自动驾驶的大型物流车辆,可节省人力成本,也可以减少司机因疲劳驾驶或操作失误而导致事故的风险。此外，车联网络等基础设施可以优先布局在高速公路等行驶区域。

从技术角度上分析，卡车、重卡并不允许急刹车，在高速公路上发生事故后果很严重，因此，当前行业更加倾向采用司机与无人驾驶系统协作的方式。

另外，我国法律法规目前并不允许无人驾驶汽车在高速公路上运行。

（4）无人环卫：技术相对成熟

当前无人环卫的场景包括园区、公园、学校等封闭道路，以及城市开发区的开放道路，路线固定，车速较低。

与普通环卫相比，无人环卫可以实现节能清扫，能提高作业效率，也能解决环卫工作繁重、作业环境恶劣、环卫招聘困难的问题。

目前国内很多城市，无人环卫已经逐步落地。

（5）无人泊车：渗透率逐步提高

停车的场景相对封闭，车速低，行人相对少，因此，无人泊车从技术上更容易落地，也可以解决当前车位少、车位小、车位难找等问题，提升停车效率和停车场空间利用率。

无人泊车技术路线有两种，一是依靠汽车自身搭载的传感器、芯片等设备实现无人泊车，二是依靠停车场的自动泊车系统，实现自动找车位、停车、接驾的功能。

第一种方式靠汽车本身，本质上属于L4级别的自动驾驶，对汽车本身要求高；第二种方式需要在停车场广泛布局摄像头、信息通信等基础设施，根据车位及车辆位置统一控制车辆停车，同时需要开放汽车本身的控制权限。

目前一些带有无人泊车功能的高端车型陆续量产，可以实现在小区、公司等固定车位的无人泊车；而另外一方面，在一些城市商业中心、交通枢纽等地，停车场也开始在逐步升级。

（6）无人公交：探索阶段

无人公交场景与封闭场景的物流通勤类似，行驶路线固定，在固定的站点接送乘客，速度较低，在公交专用道中行驶，安全方面也具有保证。使用无人公交代替人类驾驶，可以降低人为操作不当带来事故的风险，最重要的是能够节省大量的人力成本。

相比于封闭场景物流通勤，无人公交的技术要求更高，不仅应具有定点停车、开车门等基本功能，而且由于行驶在公共道路上，对感知、识别、决策、控制等方面的要求更高。

目前无人公交的技术尚未完全成熟，短期内商业回报率较低，依然处于探索阶段。

（7）Robotaxi：逐步走向民众日常生活

未来的出行场景，具有无人驾驶功能的机器人出租车Robotaxi将逐渐取代传统出租车。运营平台根据乘客消费需求、车辆状态、道路情况等，统一调配行驶路线，使得运输效率达到最优。

Robotaxi能够节省大量人力成本，其大面积推广将会降低消费者对私家车的购买需求，从而整体提升交通通勤效率。

目前Robotaxi是最接近于L5级别无人驾驶的场景，在技术路线上，直接跳过具有争议的L3级别，率先在城市道路上实现的无人驾驶。

从固定点到点的上下车，扩大到区域任意点上下车，从面向特定人群，扩大到面向普通民众，从免费体验，逐步向收费运营发展，Robotaxi正一步步走向民众日常生活。

Waymo在美国加州等地区已经开始提供无人驾驶服务，已经服务超过10万人。国内广州、长沙、上海、北京等地也允许做载人测试。

如图3.37所示，封闭场景物流或通勤、无人配送、干线物流、无人环卫、无人泊车、无人公交、Robotaxi，基本涵盖了当前我国无人驾驶的商业应用场景。

图3.37 无人驾驶汽车商业应用场景

从这些场景中可以看到，除了技术不成熟、法律法规不健全外，现有的停车场、高速公路等基础设施还不能适用于无人驾驶汽车，需要进行升级和改造。

无人驾驶汽车仍然处于产业发展初期，要在乘用车领域商业落地还很困难，而出行运营平台、物流公司等企业，对价格容忍度较高，更加容易克服高成本的不利条件。

因此，由商用车市场先行普及无人驾驶汽车，率先开展商业化运营服务及应用，继而逐渐带动整个产业生态的发展，进一步完善技术水平，降低成本，再逐渐将无人驾驶汽车导入私人乘用车市场中，从商业化场景角度来看，目前是最可行的路径。

3.9 无人驾驶的导航

全球除了美国GPS、俄罗斯格洛纳斯GLOMASS、欧洲伽利略Galileo，我国从2000年起开始研发北斗卫星导航系统（BeiDou Navigation Satellite System，BDS）。

本节先介绍用于无人驾驶汽车定位的全球卫星导航系统GNSS，主要关注北斗，之后介绍GNSS在无人驾驶汽车上的应用。

3.9.1 全球卫星导航系统，不可或缺的中国"北斗" 本节阅读难度：★

全球卫星导航系统，英文名称为Global Navigation Satellite System（GNSS），是能在地球表面或近地空间的任何地点，为用户提供全天候的三维坐标、速度以及时间信息的空基无线电导航定位系统。

由于GNSS具有高精度、实时性和普适性的特点，其应用可以深入到经济、安全、社会的方方面面。世界上几乎所有具有经济与科技实力的大国，均在建设自己的卫星导航系统，且要具备全球覆盖能力。

（1）GNSS的作用

全球卫星导航系统，最关键的作用是PNT定位导航授时体系，即定位（Positioning）、导航（Navigation）、授时（Timing）组成的时空体系，提供时间、空间及各种与位置相关的实施动态。

在定位导航方面，可以帮助实现渔场寻找、船舶指挥调度、火车运行调度等管理，也可以为汽车提供精密的位置和时间，同时可应用于联合作战指挥、抗震救灾等领域。在授时方面，可以满足电信通信时间、节点同步，也可关联满足银行联网计算机之间的时间同步、频率同步。

GNSS本质上是一个国家经济和安全的基础设施。

（2）北斗"三步走"

"大河向东流，天上的星星参北斗"，仰望星空，只要找到了北斗星，就可以找到方向，因此，我国的全球卫星导航系统取名"北斗"。

我国在2000年开始启动北斗的建设，按照"先区域、有源，后全球、无源"的发展思路，实施了"三步走"的发展路线。

第一步，建成北斗一号系统。2000年，发射2颗地球静止轨道卫星，启动北斗一号，采用有源定位体制，为中国用户提供定位、授时、广域差分和短报文通信服务。2003年，发射3颗地球静止轨道卫星，进一步增强系统性能。

第二步，建成北斗二号系统。2012年，完成14颗（5颗地球静止轨道卫星、5颗倾斜地球同步轨道卫星和4颗中圆地球轨道卫星）发射组网，增加无源定位体制，为亚太区用户提供定位、测速、授时和短报文通信服务。

第三步，建成北斗三号系统。2020年，完成30颗卫星组网（3颗地球静止轨道卫星、3颗倾斜地球轨道卫星和24颗中圆地球轨道卫星），为全球用户提供定位导航授时、全球短报文通信和国际搜救服务，同时可为中国及周边地区用户提供星基增强、地基增强、精密单点定位和区域短报文通信等服务。

（3）GNSS的工作原理

总体而言，一套全球卫星导航系统GNSS，主要由空间部分（卫星）、地面控制系统（监测站、主控制站、地面天线）、用户设备（卫星信号接收机）三个部分组成。

空间部分的卫星下发时钟与位置信息，信息以光速信息传播至信号接收机，接收机通过时间差，计算出与卫星的距离。

一般而言，每个用户需要在视野内至少有4颗卫星，3颗用于确定三维位置，另外1颗作为时间参考，这样才可以确定其位置。

为了更好地消除误差、提高反应速度，GNSS会引入一些天基或陆基的辅助手段（移动通信网络等），从而缩短定位时间，提高定位精度。

需要指出的是，在卫星导航系统中普遍使用原子钟作为精确计时工具，原子钟也被称为导航卫星的心脏。

同样的，北斗系统主要由空间段、运控段和用户段三个部分组成。

① 空间段由30颗卫星组成，其中包括3颗地球静止轨道（GEO）卫星、3颗倾斜地球同步轨道（GSO）卫星和24颗中圆地球轨道（MEO）卫星。

② 运控段包括了主控站、注入站、监测站等30余个地面站，主要负责卫星轨道确定、电离层校正、用户位置确定及用户短报文信息交换等任务，同时提供

距离观测量和校正参数。

③ 用户段包括北斗终端、与其他导航系统兼容的终端，以及相关的应用服务系统。

卫星轨道选择

卫星轨道的选择取决于数量、发射难度、发射费用、维护成本等因素，北斗的卫星采用了三种轨道。

① 地球静止轨道（Geostationary Earth Orbit，GEO），也称为对地静止轨道，位于赤道上空36000公里，与赤道平行且倾角为0°，其运动周期与地球自转周期相同。对于地球上的观测者而言，处于该轨道的卫星是保持静止的。GEO卫星覆盖范围广，轨道高，具有良好的抗遮蔽性，但同时信号时延较高，发射成本较高。

② 倾斜地球同步轨道（Geosynchronous Orbit，GSO），与GEO高度相同，运动周期与地球自转周期相同，但运行轨道面与赤道面有一定夹角，可以克服GEO卫星在高纬度地区仰角过低的影响。

③ 中圆地球轨道（Medium Earth Orbit，MEO），为高度在5000～20000公里的轨道，发射成本较GEO和GSO更低，信号也更强，也是采用最多的轨道。

北斗三号系统是GNSS中最为复杂的系统，它不仅是北斗二号区域系统与北斗三号全球系统过渡性组合，也融合了GEO、GSO、MEO三种轨道类型，能同时实现区域和全球的短信息通信服务。

根据2019年年底发布的《北斗卫星导航系统发展报告》（4.0版），北斗系统全球定位精度优于10米，测速精度优于0.2米/秒，授时精度优于20纳秒；亚太地区定位精度优于5米，测速精度优于0.1米/秒，授时精度优于10纳秒。

3.9.2　GNSS在无人驾驶汽车的应用

本节阅读难度：★★

GNSS具有成本低、绝对定位精度高、全球覆盖、坐标框架统一、时间精准的优势。传统的GNSS单点定位精度为米级，为了进一步提高精度，GNSS引入实时动态差分法RTK技术。

实时动态差分法，英文名称为Real-time kinematic（RTK），也称为载波相位差分技术，是实时处理两个测量站载波相位观测量的差分方法。

采用多个基准站，将采集的数据发给控制中心，控制中心针对数据进行粗差剔除后，再进行解算，并最终将改正信息发给用户。

RTK可以基于蜂窝网络、卫星波段等无线连接提供校正数据，能够使得定位有更高的精度和稳定性。

此外，GNSS虽然方便，但定位效果与卫星信号质量强相关，在城市楼宇密集处、隧道等有遮挡的环境中表现较差，当GNSS信号中断时，需要临时采用其他的辅助手段。

航位推算（Dead Reckoning，DR），是一种自主式的惯性导航技术，通过采用加速度传感器和陀螺仪传感器，结合专用算法，可以根据用户终端的初始位置信息以及传感器获得的信息，推算出用户终端在盲区位置的高精度导航数据。

在汽车应用中，常常搭载惯性导航测量单元IMU，IMU通常安装在汽车的重心上，包含了三个单轴的加速度传感器和三个单轴的陀螺仪传感器。

加速度传感器检测物体在载体坐标系统独立三轴的加速度信号，而陀螺仪传感器检测载体相对于导航坐标系的角速度信号，通过测量物体在三维空间中的角速度和加速度，以此计算出物体的姿态。当GNSS信号接收暂时中断时，IMU有助于保持位置和速度的相关信息。

GNSS和航位推算有很强的互补性，一方面航位推算可以帮助补盲，另一方面GNSS也能对航位推算进行实时纠偏，帮助航位推算推测出更准确的位置。

此外，双频技术可以同时支持北斗、GPS等不同GNSS系统的不同工作频段，以此增强信号的接收能力。

结合着惯性导航测量单元，加上RTK和双频技术，GNSS系统目前已经具备极高的响应速度和定位精度，也有非常可靠的稳定性，这些指标已经完全能够满足大部分的行业应用需求。但是针对于无人驾驶汽车，往往还需要道路网、车道网、车道线等各类交通要素，因此还需要高精地图，将会在下一章节进行介绍。

基于卫星定位的GNSS，独立于地图、摄像头和地标，其基本工作原理与无人驾驶汽车激光雷达传感器等完全无关，因此可以为多传感器网络提供独一无二的作用，是无人驾驶汽车重要的组成部分。

第 4 章

无人驾驶的爆发

（2016—2021年）

本章知识点

蒙特卡洛树搜索、5G、车联网、高精地图、电子电气架构、域控制器、软件定义汽车、智能座舱、车载操作系统、路测、OTA、线控底盘

经历了15年的孕育和成长,无人驾驶逐步进入了爆发阶段。

首先是5G技术的发展,让汽车与外界的联网成为了可能,进一步推动车联网的商业落地,也让无人驾驶分化出了"单车智能"和"车路协同"两条路线。

与此同时,高精地图、软件定义汽车、智能座舱、操作系统、OTA、线控底盘等新的话题也不断涌现,成为无人驾驶汽车生态新风口和投资热点。

最后,全球各地对无人驾驶政策的开放,车企、科技巨头、芯片厂商、传感器厂商各类玩家纷纷加入无人驾驶路测。

这一切,都可以追溯到2016年的一场"人机大战"。

4.1 爆发的前夜,AlphaGo大胜李世石

本节阅读难度:★★

尽管20多年前计算机在国际象棋领域已打败了人类,但学术界一直认为,在围棋领域,计算机无法超越人类的水平。

围棋棋盘横竖各有19条线,共有361个落子点,双方交替落子,意味着围棋总共可能有10^{171}种可能性,而宇宙中的原子总数总共大约在10^{80}的量级别。因此,围棋一度被人们认为是人类对抗计算机的最后壁垒,被视为人工智能的"圣杯"。

2016年3月,科技公司DeepMind(谷歌旗下)的人工智能围棋程序"阿尔法狗"(AlphaGo),以4:1的比分击败了当时的世界冠军李世石(Lee Sedol)。仅在短短一年之后,"阿尔法狗"的升级版AlphaGo Zero以100:0的成绩击败了战胜李世石的旧版AlphaGo,意味着人类在围棋上和计算机的差距越来越远。

"阿尔法狗"的获胜,背后依靠的是深度学习、强化学习及蒙特卡洛树搜索三个人工智能算法,以及云计算和人工智能芯片TPU(Tensor Processing Unit)的支撑。

如果进行深入的技术分析,"阿尔法狗"的算法逻辑图(图4.1)总体上包含线下学习和在线对弈两个部分。

"阿尔法狗"线下学习分为了三个阶段:

① 采用3万多幅专业棋手对局棋谱训练出两个模型:一是提取全部特征和利用深度卷积网络训练出来的**策略网络模型**,输入的是当前盘面落子情况,输出为下一步棋在棋盘的落子概率;二是提取局部特征和利用线性模型训练出的**快速走棋模型**。与策略网络模型相比,快速走棋模型的输入输出一致,同时走棋决策速度较快,但精度较低。

② 利用训练好的策略模型进行自我对弈，使用强化学习进行参数修正，最终得到**优化的策略网络模型**。

③ 利用优化的策略网络完成自我对弈，直至棋局结束分出胜负。通过大量的自我对弈，采用深度学习，训练出**价值网络模型**，用于判断结果的输赢概率。

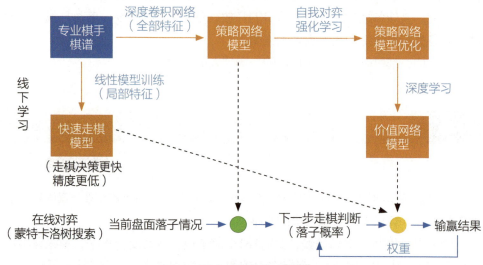

图4.1 阿尔法狗的算法逻辑图

而"阿尔法狗"的在线对弈，核心思想是在蒙特卡洛树搜索中嵌入了深度神经网络，也分为了三个阶段。

① 根据当前盘面已经落子的情况，利用策略网络模型，估计出下一步走棋判断（落子概率）。

② 利用价值网络模型和快速走棋模型，输出基于走棋判断的输赢结果。

③ 利用前一步输出的输赢结果，用于更新走棋位置的权重，最终决定下一步走棋。

蒙特卡洛树搜索算法

蒙特卡洛树搜索算法主要目标是，给定一个游戏状态来选择"最佳的下一步"。

首先用"树的结构"来表示游戏。以围棋为例，游戏树由不同层级的节点组成，刚开局的时候，处于游戏树的初始节点，代表游戏的初始状态（Initial State），如图4.2所示的围棋游戏树结构，初始状态是一张空棋盘。

从一个节点到其任意一个子节点的过程，称作一次移动（Move），随着游戏的进行，可以落子的地方就越少，子节点的数目会越少。

直到最终节点（Terminal node），无法再进行移动，代表了游戏的结束。最终节点的状态也就是游戏的结果（输/赢/平局）。

从树的初始节点到最终节点的一次遍历，代表一局游戏。

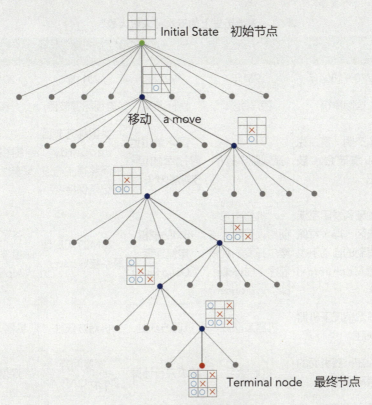

图4.2　**围棋游戏树结构**

蒙特卡洛树搜索算法中，从初始节点出发，假设对手每一步都使用最优的策略，每次选择对方值最优的一个节点，向下搜索，直到找到一个未完全展开的节点。

在该节点的子节点中，选取一个未被访问过数据，用来进行一次模拟，将模拟的结果反向转播至初始节点，并更新节点的统计信息。当搜索结束时，根据收集的统计信息来决定下一步怎么走，最佳的移动通常是**访问次数最多的那个节点**。

"阿尔法狗"是第一个击败人类围棋世界冠军的人工智能机器人,"AlphaGo大胜李世石"也成为了人工智能的里程碑事件。

这次"人机大战"背后是对深度学习技术的一次实战检验,这一场"人机大战",也让深度学习自2006年提出之后,从理论阶段走向了应用阶段,开始带动了无人驾驶相关产业的发展。

人类历史上五次"人机大战"见表4.1。

表4.1 人类历史上的五次"人机大战"

简介	第一次	第二次	第三次	第四次	第五次
时间	1770—1854年	1961年	1997年	2011年	2016年
项目	国际象棋	西洋跳棋	国际象棋	电视问答节目	围棋
人方	本杰明·富兰克林和拿破仑·波拿巴	美国跳棋冠军	国际象棋世界冠军加里·卡斯帕罗夫	美国综艺节目"Jeopardy"最高奖得主与连胜纪录保持者	围棋世界冠军李世石
机器方	匈牙利发明家沃尔夫冈·冯·肯佩伦研制的自动下棋装置Mechanical Turk	"机器学习"创始人亚瑟·塞缪尔开发的跳棋程序(Checker-playing program)	IBM的象棋电脑深蓝(Deep Blue)	IBM的认知计算系统Watson	谷歌开发的深度学习机器人AlphaGo
结果	多数情况下机器方获胜	机器方获胜	机器方获胜	机器方获胜	机器方获胜
关键技术	躲在机器里面的下棋高手操纵	机器学习	超级并行计算	深度问答Deep QA技术	深度学习
影响	亚马逊将大规模数据处理平台称为"Amazon Mechanical Turk"	人工智能和机器学习领域的经典案例	对计算能力的关注和人际关系的大讨论	非结构化数据分析的应用	深度学习的兴起

4.2 5G加速,无人驾驶生逢其时

第五代移动通信技术(5th Generation Mobile Networks),简称5G或5G技术。

本节介绍5G的基础知识，同时让读者了解5G在无人驾驶汽车、车联网领域的应用。

4.2.1 5G基础：十年千倍，五大特点

本节阅读难度：★★★

（1）十年一代，峰值千倍

5G中的"G"，指的是英文Generation，即一代一代。

① 1G移动通信是模拟的，在一个蜂窝小区，采用频分多址FDMA（Frequency Division Multiple Address）技术，依靠频率不同区分用户。

② 2G移动通信是数字的，采用时分多址TDMA（Time Division Multiple Address）技术，依靠时序不同区分用户，代表是GSM通信标准（Global System for Mobile Communications）。

③ 3G移动通信，采用的是码分多址CDMA（Code Division Multiple Access）技术，用户在同一时间、同一频段上，根据不同的编码获得信道，代表是WCDMA通信标准（Wideband Code Division Multiple Access）。

④ 4G移动通信，采用正交频分多地址OFDMA（Orthogonal Frequency Division Multiple Access）技术，结合了频分、时分、码分技术，代表是LTE通信标准（Long Term Evolution）。

而5G移动通信，同样基于正交频分多地址技术，通过云化、虚拟化、软件定义、网络切片的网络技术，5G比4G在多项性能上有1～2个数量级的提升。

从最早的1G到现在的5G，也经历了"十年一代，峰值速度提升千倍"的过程，如表4.2所示。

表4.2　移动通信技术发展

项目	1G	2G	3G	4G	5G
部署时期	1970—1980年	1980—1990年	1990—2000年	2000—2010年	2015—2020年
理论峰值下载速度	2kbit/s	384kbit/s	21Mbit/s	1Gbit/s	10Gbit/s
用户体验速率	N/A	N/A	440kbit/s	10Mbit/s	100Mbit/s
典型通信标准	AMPS	GSM	WCDMA	LTE	NR
多址方式	FDMA	TDMA	CDMA	OFDMA	OFDMA

根据通信的基本原理，采用超密集组网，把基站做得更密，采用大规模天线

阵，把天线做得更密，采用全频谱接入，把信道带宽展得更宽，再加上物理层技术的提升，使5G实现了**增强移动宽带、高可靠低延时、广覆盖大连接**的特性。

5G虽然仅仅是一个无线技术，但同时也是连接云计算、大数据、人工智能、物联网、区块链、工业互联网的纽带。

把前端物联网的数据采集接入到网络上，送到核心网，送到后台数据中心和云计算进行分析处理，这样便打通了数据采集、存储、处理、分析到决策的全过程，发挥了数据作为生产要素的作用。

（2）5G的五大特点及挑战

结合无人驾驶汽车，5G具备五大特点（见图4.3），同时也带来了相应的挑战。

特点一：网络切片，适应不同需要。

4G网络主要服务于人，连接网络的主要设备是智能手机，不需要面向不同的应用场景。

而5G网络的切片技术（Network Slicing），将一个物理网络切割成多个虚拟的端到端的网络，每个虚拟网络之间，包括网络内的设备、接入、传输和核心网，是逻辑独立的，任何一个虚拟网络发生故障都不会影响到其他虚拟网络。

图4.3 5G的五大特点

通过切片，每个虚拟网络具备不同的功能特点，使得5G可以面向不同的需求和服务，支持多种多样的业务，分为了三类。

① 要求带宽的移动宽带业务eMBB（Enhanced Mobile Broadband）。

② 要求连接数多的海量机器通信mMTC（Massive Machine Type Communication），时延是4毫秒。

③ 要求运动速度高可靠性高的任务关键性通信uRLLC（Ultra Reliable Low Latency Communications），时延是0.5毫秒。

三大场景中，mMTC和uRLLC主要针对垂直行业的业务需求。特别是任务关键性物联网uRLLC，满足超低时延和高可靠性，适用于无人驾驶汽车和车联网。但是，如果对每一个车联网都分配切片，数量太多，难以收敛；如果把所有的车都纳入到一个大切片里面的，因为汽车要求不同，汽车各个功能也不同，无法体现差异性。

特点二：基于服务的网络体系。

不同于"点到点"的架构，5G核心网采用的是基于服务的网络架构SBA（Service Based Architecture），服务化架构是5G核心网区别于传统核心网的显著差异。

SBA意味着，5G网络的业务生成了，可以以APP的方式，来适应未来不确定性的业务。

APP可以由运营商开发，也可以是第三方网络公司，甚至是网民开发，包括用户身份管理、认证鉴权等，都可以作为一种服务，这些服务既可以给运营商使用，也可以被运营商打包，提供给垂直行业使用。

但同时，SBA也会面临风险，会有恶意APP进入，网络有被误用和滥用的可能。另外一方面，SBA改变了移动通信协议的专用化，增加了被攻击的风险，给无人驾驶汽车带来了挑战。

特点三：5G与边缘计算。

5G的特点是有利于边缘计算，如果需要快速响应的数据都上传到中心云，时间延迟会太大。

车联网的数据需要快速响应，所以需要把中心云的数据分一部分到边缘云，去处理对时间延迟的敏感业务，这部分云的存储和内容会分发下沉。

边缘计算可以放到集中单元，可以服务于多个基站，也可以放到车间、放到工厂。据预测，未来50%的数据可能都需要由边缘侧进行处理，可以快速响应，而且降低了对核心网带宽的要求，减轻了对中心云处理的压力。

但是，也会带来两个挑战，边缘计算下沉到路边单元（Road Side Unit，RSU），成本会太高。

如果边缘计算管理多个路边单元，每辆车在行进过程中需要接入不同的边缘计算，边缘计算之间的数据互通，也会引入时间延长。

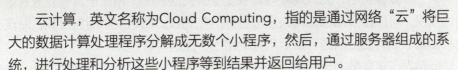

边缘计算和云计算

云计算，英文名称为Cloud Computing，指的是通过网络"云"将巨大的数据计算处理程序分解成无数个小程序，然后，通过服务器组成的系统，进行处理和分析这些小程序等到结果并返回给用户。

云计算的核心是以互联网为中心，让每一个使用互联网的用户都可以使用网络上庞大的计算资源与数据中心。

边缘计算，英文名称为Edge Computing，即将原本由云端处理的数据，分散到更接近于用于终端装置的边缘端进行处理。

可以将边缘计算理解为云计算的逆操作，云计算是将计算和储存的能力从边缘端或桌面端集中起来，而边缘计算则是将计算和储存的能力下沉到边缘。

边缘计算由于更接近用户端，因此可以减少延迟，另外可以将计算推送至内部网关，降低数据外流和泄露的风险，提升系统的隐私性。边缘计算是对云计算的重要的补充和优化。

针对于无人驾驶汽车场景，边缘计算与云计算配合，将大部分的计算负载整合到道路边缘层，利用5G等通信手段与汽车实现实时的信息交互。

道路边缘层，主要指路边单元RSU，可以集成局部地图系统、交通信号信息、附近移动目标信息和各种传感器接口，而汽车将通过车载激光雷达、摄像头等传感器感知到信息与道路边缘层进行角度，可以大幅拓展感知能力。

而云计算则负责收集包括汽车和道路边缘层在内的分布广泛的边缘数据，感知整个交通系统的运行状况，通过大数据与人工智能算法，为边缘层、汽车下发调度指令，提高交通系统的运行效率。

特点四：5G与IPv6的结合。

IPv6是互联网协议技术标准，TCP/IP协议簇中IP协议的第六版，用于替代上一代IPv4协议。与5G的结合，对车联网有很好的支持。

传统的网络并不清楚IP包里的具体业务，但IPv6有很多比特地址，这些地址不仅可以给终端标志，还可以增加更多的功能，可以定义业务的类型，称为应用感知网。

应用感知网可以定义应用ID、用户身份、服务质量等，还可以定义带宽要求、延时指标，这样网络就能清楚知道承载的是什么业务。另外，也可以将一些比特插入到IPv6中，可以实现随流检测，也可以使用分段路由功能。

举一个具体例子，无人驾驶与驾驶安全有关的数据，相比于其他业务有更高的优先权，可以由应用感知网来定位业务的优先权，然后采用随流检测，发现有没有传输信道的质量问题，最后用分段路由，提高可靠性。

但是为了更低的时延，期望IPv6包的开销尽可能地短，用户可以定义业务流的要求，同时需要防止定义被滥用。

特点五：5G与人工智能、物联网、区块链。

5G可以将物联网和人工智能无缝融合起来，在汽车上直接嵌入人工智能的芯片和操作系统。相当于将边缘计算的能力进一步下沉到无人驾驶汽车，让汽车本身就具有处理能力，即实现单车智能。

同时，5G本身具有接入回传一体化的功能，相当于基站本身可以接入进来，基站与基站的回传原来是通过光纤或者微波，现在直接用基站的无线信号，这样远端的物联网终端也可以连到基站，也可以嵌入区块链，提高安全性。

4.2.2　5G助力无人驾驶汽车　　　　　　　　　　　　　本节阅读难度：★★

（1）5G是最合适的无人驾驶通信方式

不同级别的自动驾驶汽车对时间延迟有不同的要求，不同于低级别自动驾驶，实现L3级别以上的远程驾驶、传感器共享、自动泊车等功能，要求端到端的时延不超过3毫秒，可靠性要求达到了5个9（即99.999%），每辆车每秒数据1GB，传感器带宽为1GB。

如果使用4G移动通信，即使加上边缘计算，时延只能做到10毫秒量级别，仅仅可以支持自动驾驶L1和L2级别的要求。

而采用5G作为通信方式，如果再加上边缘计算，可以实现1毫秒的时延，可靠性可以做到6个9（即99.9999%），特别适合于远程驾驶、自动泊车、高密度自动编队等场景。

因此，5G是高级别自动驾驶，特别是L5级别无人驾驶最合适的通信手段。

此外，5G的超高带宽，可以满足无人驾驶汽车激光雷达200Mbit/s传输带宽的要求，而基于5G通信的定位，其精度在垂直方向以及室内都优于卫星定位。

因此，5G是解决目前无人驾驶面临技术瓶颈的重要技术手段之一。

（2）5G通信在车联网的应用

5G的高带宽、低时延、高可靠、广覆盖的特性，让汽车的联网成为了可能，从而为实现最终无人驾驶提供了另外一条思路，即车联网。

目前车联网通信主要由车与车V2V（Vehicle to Vehicle）、车与行人V2P（Vehicle to Pedestrian）、车与基础设施V2I（Vehicle to Infrastructure）、车与网络V2N（Vehicle to Network）四类通信组成。

适用于车联网的通信标准，最早采用的是直接短距离通信（Direct Short-Range Communications，DSRC），该通信标准由美国主推。

而由我国提出和推动基于5G的蜂窝车联网C-V2X（Cellular-V2X），逐步成为全球范围内广受认可的通信标准。

C-V2X又分为了两个标准：支持道路安全业务和低级别自动驾驶的"长期演

进"LTE-V2X（Long Term Evolution-V2X）；支持高级别自动驾驶的"新空口"NR-V2X（New Radio-V2X）。

相比于其他V2X通信方式，NR-V2X通信范围可以延长到1公里，下行带宽为1GHz，时延不超过3毫秒。

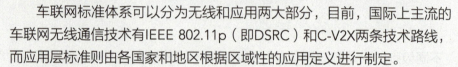

车联网标准体系之争

车联网标准体系可以分为无线和应用两大部分，目前，国际上主流的车联网无线通信技术有IEEE 802.11p（即DSRC）和C-V2X两条技术路线，而应用层标准则由各国家和地区根据区域性的应用定义进行制定。

IEEE 802.11p技术基于WiFi标准改进，在美国电气与电子工程师协会IEEE进行标准化工作。

而C-V2X是基于蜂窝通信和终端直通通信融合的车联网技术，其标准工作在标准化组织3GPP（Third Generation Partnership Project，第三代合作伙伴计划）开展，包括基于LTE技术的版本LTE-V2X和面向"新空口"的NR-V2X。

美国IEEE早在2010年就提出了802.11p标准，LTE-V2X最早由中国大唐在2013年5月提出，确定了C-V2X的蜂窝与直通融合的系统架构及直通链路的关键技术框架。之后，在大唐、华为等中国企业和LG等国际公司牵头和推动下，3GPP分别于2017年完成了支持基本的道路安全业务和中低速无人驾驶的LTE-V2X标准，并在2017年3月和2018年6月发布了R14和R15版本，如图4.4所示，为C-V2X标准演进时间图。

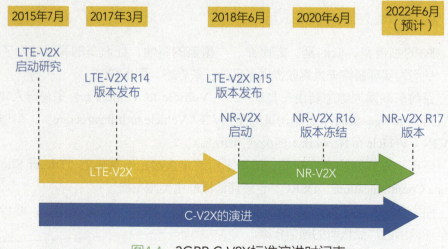

图4.4　3GPP C-V2X标准演进时间表

3GPP于2018年6月启动NR-V2X标准化工作，主要支持更高级别的自动驾驶，以及未来高速公路上营运车辆的编队形式，2020年6月完成了基本的标准版本（R16版本），同时启动了直通链路特性进一步增强的研究（R17版本），预计2022年6月份完成。

C-V2X可实现长距离和更大范围的通信，在技术先进性、性能及后续演进等方面，相对IEEE 802.11p具有优势。

在技术路径选择上，美国倾向于IEEE 802.11p，而中国主推LET-V2X技术，日本和欧洲逐步保持中立，而C-V2X也开始在全球进行测试和示范。

2018年11月，中国率先颁布了5.9G频段20MHz带宽，作为LTE-V2X直通通信标准，在2019年1月，美国福特汽车宣布放弃IEEE 802.11p，选择C-V2X。

美国对之前被指定用于DSRC的5.9GHz频段里的75MHz进行了修改，将5.9GHz频段上的45MHz分配给了Wi-Fi，频段上的30MHz分配给了C-V2X。

C-V2X在全球产业竞争中逐步获得认可，基本成为了全球车联网领域的事实标准。

针对于车联网，5G可服务于V2V/V2I领域，提升行驶安全，如碰撞预警、超车预警、盲区监测、道路突发危险情况提醒等。同时，5G也可以服务于V2I/V2P领域，提升交通效率，实现拥堵提醒、优化路线诱导、红绿灯信号播报等；还可以服务于V2I领域，提供出行信息服务，包括突发天气预警、车内电子标牌等。

需要指出的是，应用于车联网场景的5G和公众通信的5G存在着区别。

① 公众通信80%的情景是在房间里，处于非移动状态，而车联网80%的情景是处于行驶状态。

② 公众通信一般是点到点，只有使用时候才占用信道，而在车联网V2V场景下的通信是点到多点和多点到点，基本永远在线。

③ 公众通信大部分从网上下载的多，自己上传的少，所以同一频段一般安排上下行"三七开"，即30%时隙用于上传，70%时隙用于下载；车联网更多是上报数据，下载则很少，是"七三开"，即远程控制上行20Mbps，而为下行1Mbps。

5G的加速发展，大大推动了车联网的发展，让无人驾驶汽车的落地形式有了更多的可能，也可以大幅降低无人驾驶汽车的研发成本，5G时代让无人驾驶生逢其时。

4.3 汽车进入互联时代——车联网

车联网是5G通信最重要也是确定性最强的应用场景，承接上一节，本节聚焦车联网。首先为读者介绍车联网相关概念和建设进展，之后探讨车联网与无人驾驶的关系。

4.3.1 弯道超车，实现交通强国的必由之路

本节阅读难度：★★

（1）为什么需要车联网

2019年9月，中共中央、国务院印发了《交通强国建设纲要》，提出了2035年基本建成交通强国和到21世纪中叶，全面建成世界前列的交通强国目标。

其中明确提出了加强智能网联汽车（智能汽车、自动驾驶、车路协同）研发，发展智慧交通，广泛应用智慧道路的内容。

无论是智能网联汽车，还是智慧交通、智慧道路，本质上都与车联网息息相关。

车联网是我国从交通大国演进到交通强国的必然途径。

① 面向车主，能够提供精准信息服务，实时获得出行路线拥堵、预判前方路口红绿灯、车辆排队状态，降低车辆行驶成本，节省油耗；也能为实现无人驾驶提供安全冗余。

② 面向行人、非机动车，能预警过街车辆的速度、行驶方向等信息，提升交通安全。

③ 面向车企，能够大幅降低无人驾驶汽车的研发成本。

④ 面向交通管理，能够减少交通事故、缓解交通拥堵，提高出行效率。

发展车联网产业，有利于推动智能交通，实现无人驾驶，也有利于推动汽车节能减排，对我国实施创新驱动发展、推进供给侧结构性改革、建设制造强国和网络强国具有重大意义。

（2）车联网是什么

车联网，是物联网（Internet of Things，IoT）概念的引申，按照约定的通信协议和数据交互标准，通过车与"X"之间的无线通信和信息交换，实现汽车的智能控制以及智能化交通管理，车联网是物联网在交通领域的典型应用。

这里的"X"，指的是英文Everything，常用V2X，即Vehicle to Everything来指代车联网。

①车与车V2V（Vehicle to Vehicle），汽车与汽车之间的信息交互。

②车与行人V2P（Vehicle to Pedestrian），汽车与行人和非机动车间的连接。

③车与基础设施V2I（Vehicle to Infrastructure），汽车与道路、交通信号等之间进行通信。

④车与网络V2N（Vehicle to Network），汽车通过移动网络，连接到云服务器。

车联网包含概念非常宽泛，根据2018年发布的《国家车联网产业标准体系建设指南（总体要求）》，可以把车联网分为智能网联汽车、信息通信、智能交通、车辆智能管理、电子产品与服务五大模块，如图4.5所示。

图4.5 **车联网的五大模块**

实质上，本书大部分的章节都聚焦在了智能网联汽车模块，即无人驾驶汽车模块，也是整个车联网技术框架中最核心的部分。

信息通信模块，指的就是5G在车联网中的应用，车与车、车与路、车与平台、车与人等的全方位网络连接和信息交互。具体包括了手机终端与车载无线终端通信、电磁兼容、车载天线、无线充电、卫星通信、导航定位、空中下载技术（Over the Air Technology，OTA）、网络与数据安全等内容。

智能交通模块，主要包括通过与基础设施终端、车载终端、个人便携式通信终端连接，实现交通参与者与汽车、路测基础设施的信息交互，以及实现路网层面宏观信息感知与服务的管控平台两方面内容。

车辆智能管理模块，主要包括公安交通管理部门针对无人驾驶汽车开展的车辆登记检查、道路测试、身份认证、道路通行秩序、道路交通事故处理等内容。

而电子产品与服务模块，包括了车规级功率器件、车规级集成电路、车规级传感器、高性能计算芯片等基础产品，也包括了车载计算机、导航设备、信息娱乐等终端产品，以及车载操作系统、算法、软件等内容。

（3）车联网的建设

当前车联网的建设主要聚焦在智能交通模块中道路端升级和管控平台两大部分内容。

道路端主要包括了具有无线通信能力的车载终端OBU、基础设施终端RSU以及个人便携式通信终端（手机）。

OBU和RSU

汽车与外界的互联主要通过车载终端，也称为车载单元OBU（On Board Unit）实现，OBU是车联网体系中的关键节点，也是信息交互中最活跃的部分，OBU参与车联网体系中的大部分信息交互行为。

OBU主要由通信模组（包含芯片）、终端设备、协议栈、应用软件等部分组成，一般作为一个单独的组件装载到汽车中，ETC也是OBU的一种。

和OBU类似，基础设施终端，通常称为路边单元RSU（Road Side Unit），主要由通信模组（包含芯片）、定位模组（包含芯片）、射频天线、输入输出接口、应用软件等部分组成。

RSU通过路侧高清摄像头、微波雷达等传感器对道路交通信息进行感知，并将相关的定位、危险预警、天气、路况等信息对覆盖范围内的车载终端OBU进行广播，使汽车可以实现精确定位，及时掌握路端信息，扩展感知范围。

RSU还可以结合边缘计算技术，通过边缘侧数据的存储、处理和资源调度，实现路口及路段范围内的协同控制，提高车辆在交叉口、合流区、关键路段的运行安全和效率。

车联网道路端的升级，主要是通过安装RSU来实现，因此，RSU的覆盖率决定了道路的智能化程度。

车联网的建设，还包括管控平台的建设，通过对各类应用场景产生的通信数据进行计算、分析，做出决策，并将路网控制、调度等决策信息发送给RSU和OBU，指导应用场景实现。

由于应用场景传输时延限制，这种实现方式只适用于对时延不敏感的应用场景。另外，如果所有计算全部集中在管控平台上，会存在负荷过重的问题。

为了解决负荷重、时延的问题，同时应对本地管理的业务需求，车联网管控平台普遍采用"中心云+边缘云"的网状结构，通过在路端部署具备计算、存储、通信等功能的MEC边缘云方式，将云计算平台部分从中心云迁移到移动接入网边缘，进行业务分流。

MEC边缘云可以就近对RSU及OBU采集的交通实时信息进行快速分析计算，可以很好地对各类时延敏感的应用场景提供支撑。

图4.6所示为车联网的整体架构，由四个层级组成。

① 中心云，承担了管控平台的角色，主要应对时延不敏感的应用场景，在云端实现互联网、交通平台、汽车服务商、数字地图之间的交互。

② 移动核心网，主要保证各个层级之间5G的通信；靠近路侧的边缘云，主要应对本地管理的业务需求。

③ 路测单元RSU、5G基站、交通信号与监控设备等基础设施构成了车联网的第三个层级，它们直接与交通参与者进行交互。

④ 第四个层级主要是车联网的参与者，车、网、人、设施，实现V2X的连接。

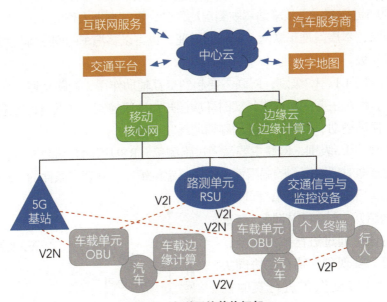

图4.6　车联网的整体框架

（4）车联网的产业化路线

目前我国车联网产业化尚处于起步阶段，而我国车联网整体规划大致分为三个阶段。

① 导入期（2019—2021年）。鼓励汽车后装OBU，逐步在新车上前装OBU；同时在示范应用区开始部署RSU，车联网产业化初具雏形，并对商业化运营模式进行探索。

② 发展期（2022—2025年）。在全国典型城市、高速公路逐步扩大部署RSU，并逐步提高OBU的搭载率，逐步形成可持续的商业运营模式。

③ 高速发展期（2025年之后）。逐步实现车联网的全国覆盖，搭建全国范围内的管理平台，实现跨行业数据共享以及车辆协同服务多元化。

车联网是跨领域、跨行业、跨部门合作的系统工程，车联网的建设是不断完善和调整的动态过程，随着信息技术的不断发展，新的车联网产业服务业态不断涌现，标准体系也将不断更新。

4.3.2 单车智能和车路协同之争

本节阅读难度：★

本书第1章和第2章提到，无人驾驶汽车也称为智能网联汽车，可以拆分成智能和网联两部分。

智能通常指的是单一汽车的智能，按照SAE标准（3.2节），汽车的智能等级从L1到L5进行演进，从辅助驾驶到自动驾驶，再实现无人驾驶。

而网联，本质就是车联网，同样的道理，也可以将汽车的网联等级按照SAE标准进行分级。

① 针对于L1、L2级别，网联主要起到交互辅助作用（道路交通事件、天气条件等），汽车主要在本地进行实时环境感知与决策控制，实现自适应巡航、车道保持、换道辅助、自动紧急制动等辅助驾驶功能。

② 针对于L3级别，网联主要是通过路测单元RSU和动态高精地图，弥补汽车车载传感器对环境探测的局限性，以提高定位精度，实现有条件的自动驾驶。

③ 针对于L4、L5级别，网联意味着协同感知、决策和控制，汽车和路侧的信息通过进行数据融合、边缘计算，实现车、路和云协同决策，之后下发到汽车进行实时控制，以实现高度自动驾驶和无人驾驶。

基于此，实现无人驾驶，依据单车智能化水平和车联网的水平，就衍生出了单车智能和车路协同两条发展路径，如图4.7所示。

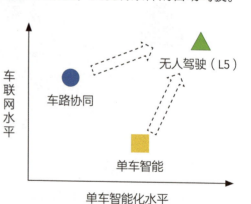

图4.7 无人驾驶技术发展路径

（1）单车智能的两大门派

单车智能以整车为王的逻辑，将大量和昂贵的传感器、芯片应用在汽车上，让单车实现感知、定位、预测、规划、决策、执行等功能。

目前全球主要有两条技术路线，一是依靠激光雷达和高精地图的"谷歌派"，二是以视觉感知和影子模式为代表的"特斯拉派"。

"谷歌派"的代表企业是Waymo，Waymo以激光雷达为主要感知设备，采取了激光雷达、毫米波雷达、摄像头等多传感器融合。

同时，依靠谷歌地图专业的测绘车队，Waymo采用高精地图进行定位，Waymo主要的产品是L4级别的无人驾驶出租车Robotaxi。截止到2019年底，Waymo在美国的无人出租车服务Waymo One月活用户超过1500人，累计总订单超越10万人次。

特斯拉以视觉识别为核心，并不搭载成本高昂的激光雷达，而是依靠以摄像头为主的计算机视觉的方案为感知设备。特斯拉依靠强大的超级计算机，通过神经网络算法，对感知到的数据进行训练。特斯拉利用影子模式，通过旗下全球百万数量级的汽车，搜集数据，以改善其自动驾驶算法。

目前特斯拉未部署高精地图，以低精度地图和低精度定位为主，依赖视觉感知进行周边环境的高准确率识别。

（2）车路协同是什么

采用车路协同的策略，将部分的工作移交给路端和云端，各端靠5G连接在一起，让路"变聪明"。

车路协同具体有两种实现方式。

① 在路侧（路灯杆、ETC门架等）安装摄像头、毫米波雷达和激光雷达等感知设备，由于传感器安装高度高，不容易被遮挡，视距条件更好，可减少盲区，提高数据获取的准确性和容易程度，那么在车端就可以减少装配传感器（如激光雷达），从而降低车载成本。

② 在路侧（路灯杆、ETC门架等）安装边缘计算设备，结合云平台，通过边缘计算，可以降低对汽车芯片算力和功耗的要求，从而降低车载成本。

要实现车路协同的前提，是要在车联网的基础上，在汽车上安装OBU，以及对道路进行智能化的改造。

车路协同的发展也受到诸多因素影响，例如政府对道路智能化改造的支持力度、不同区域的路况、交通参与者特征、地图与定位精度、激光雷达价格变化、车队用户和个人消费者付费意愿与转换成本等因素。车路协同也需要车企、零部件供应商、通信企业、互联网公司及政府部门通力合作，制定统一标准，这些因素共同影响和决定了"单车智能"和"车路协同"的分配和演进。

（3）我国车路协同"弯道超车"

相比于其他国家，我国在5G技术方面处于世界领先地位，且基站数量多、覆盖广，我国政府大力推行C-V2X通信标准，充分发挥北斗卫星导航系统优势，同时积极推进智能交通基础设施方面的建设，这些特殊性都将有力推动我国车路

一本书读懂无人驾驶

协同的发展。而相对于欧美发达国家，特别是美国人工智能全球领先，人才储备充足，基础科研实力强，在高端芯片领域一直保持领先态势，Waymo已经耗时10年进行路测，我国仅靠单车智能的赛道要追赶仍有一定难度。

因此，通过车路协同，我国有望弥补在单车智能发展方面的不足，有望超越美国率先实现L4—L5级高等级自动驾驶技术的大规模商业化落地，实现无人驾驶领域的"弯道超车"。

4.4 高精地图，实现厘米级定位

本节阅读难度：★★

高精地图，全称高分辨率地图（High Definition Map，HD Map）。当前高精地图被业界主流认为是实现无人驾驶的标配。

（1）为什么需要高精地图

我们平时所使用的导航地图，服务的对象是人，主要作用是导航、搜索，属于车载信息娱乐系统。数据的主体是道路，包含道路形状和地图信息点（Point of Interest，POI）内容，分辨率在5～10米。

而高精地图，服务的对象是机器，主要用于定位、感知和规划，属于车载安全系统。数据的主体更加丰富，需要精确到车道线、道路设施等，往往要求分辨率达到厘米级别。

如表4.3所示，为导航地图与高精地图的区别。

表4.3 导航地图与高精地图区别

项目	导航地图	高精地图
数据主体	道路	车道
数据精度	道路级别的分辨率（5～10米）	厘米级的精度
服务对象	人	机器（汽车）
主要用途	导航、搜索	定位、感知、规划
系统类别	信息娱乐	车载安全
地图内容	道路形状，地图信息点（名称、类别、经度、纬度）	车道线几何、道路设施

高精地图的作用贯穿于无人驾驶汽车定位、感知、决策三个重要环节之中，总结起来就是回答"我在哪里？""我前方有什么？""我该怎么走？"三个基础而又重要的问题。

如图4.8所示，高精地图的"高精"体现在以下三个层面。

① 定位精度提升，需要高精地图实现精确定位。

② 激光雷达、摄像头等传感器受气候光线变化及感知距离的限制，需要高精地图感知更全面的环境信息。

③ 路径规划和决策，在需要换道、避让等场景，需要高精地图提供道路曲率、航向、坡度等可以提前采集且短时间内不会改变的先验信息。

定位
- 高精地图中存在用于定位的地图元素和专门的定位图层
- 本地车辆将传感器实时数据与地图进行匹配，获取实时定位信息

我在哪里？

感知
- 不受空间限制，距离更远
- 不受环境和时间限制，性能更稳定
- 精度提升，采集设备精度更高
- 可以获得更全面的信息，内容更多

我前方有什么？

决策
- 利用地图先验信息，车辆可以提前作出更安全的路径规划
- 预先减速、避让、换道等

我该怎么走？

图4.8 高精地图的主要作用

（2）如何构建高精地图

如图4.9所示，高精地图的模型由道路图层、车道图层、道路设施、定位图层、动态图层五个部分组成。

① 道路图层，仅保留汽车需要用到的元素，如道路方向、类型、车道数量、匝道类型、功能等级等。

道路图层

车道图层

定位图层

道路设施

动态图层

图4.9 高精地图的模型

② 车道图层，相比于导航地图的新图层，该图层对驾驶员没有意义，但却是无人驾驶汽车90%的信息来源，主要包括了车道信息（类型、通行状态、通行方向、限制）和车道线信息（类型、颜色、材质、亮度、编号）。

③ 道路设施，包括了障碍物、交通标牌、路测设施、交通标线、交通灯等信息。

④ 定位图层，类似于路标，给汽车参考。

⑤ 动态图层，主要包含实时更新的动态信息（附近车辆、行人和交通信号），分钟级别更新的半动态信息（交通事故、拥堵、道路施工、交通管制、本地天气等），小时级别更新的半静态信息（交通规划、道路工程、大范围天气预报），月度级别更新的静态信息（道路、车道等）。

道路图层、车道图层、道路设施所包含的元素现在业界比较统一，但定位图层和动态图层，业界对其应该包含的信息要素分歧还很大，特别是动态图层，目前业界实现得并不多，主要问题是精度准度都不太理想。

因此，高精地图当前技术发展仍处于早期阶段。

（3）高精地图两种制作方式

高精地图主要有两种制作方式，一是集中制图或者专业测绘方式，也是目前百度、高德、四维图新、谷歌等传统地图商采用的制作地图方式。

采用集中制图的传统地图商有很大的先发优势，它们一般都有深厚的地图行业功底和经验，具有架构完整的规模化组织，且具备测绘资质，会采用成熟的技术生产高精地图，可控性高。

但是，地图采集车一般都需要搭载非常先进但却十分昂贵的地图采集设备（激光雷达等），一台车的造价接近千万人民币（如图4.10所示的谷歌的地图采集车）。随着采集覆盖的范围和里程不断扩大，采集等人力成本都会大幅增加。

第二种制图方式是众包制图，即通过合作的方式，依靠多辆汽车上的摄像头、激光雷达、车内芯片等设备，实时采集道路数据并上传云端，通过大数据处理、深度学习等技术，完成高精地图的合成和实时更新。

图4.10　谷歌的地图采集车

采用众包制图最大的优势是采集成本相对较低，且制图效率高，但是最大的劣势是精度差。同时众包制图目前还没有行业标准，其制图与更新在我国也面临法律法规的限制，高精地图数据涉及国家机密，基础地图生产、地图数据存储、地图更新、地图出版销售等各个环节也都有资质的限制。

无论是集中制图还是众包制图,并不是完全对立的,最好的方式是在量产初期,采用集中的方式绘制出第一版"底图",之后再采用众包的方式,依靠数据共享,实现数据实时更新,让高精地图以更低的成本和更快的速度量产。

由于长时间内自动驾驶依然是人机共驾形态,因此当前量产的高精地图也需要引入导航和人机交互的功能,帮助驾驶员更好地接管汽车。

(4)高精地图实现厘米级定位

定位是汽车实现自动驾驶的先决条件,需要支持极端条件和天气的稳定输出,有低于毫秒的延迟,最好能够降低对芯片算力的要求,此外还需要达到厘米级的定位精度,以帮助无人驾驶汽车实现换道、避让等场景。

如在3.9节中提到的,当前主流的自动驾驶定位采用的是全球卫星导航系统GNSS结合惯性导航测量单元IMU的方式,它们已经具备极高的响应速度和定位精度,也有非常可靠的稳定性,但是因为定位精度还不够高,它们也只能覆盖到约65%的场景。

而要实现厘米级的高精度定位,需要高精地图提供道路网、车道网、车道线、人行横道、节点等要素信息,如图4.11所示。

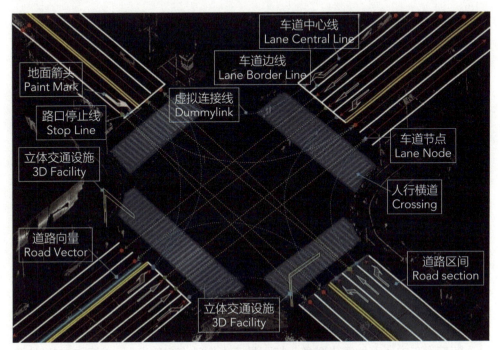

图4.11　高精地图包含的关键要素

天上的GNSS系统，加上车载IMU和传感器，再辅以高精地图，这三大系统相互融合，基本能覆盖无人驾驶汽车所有的定位场景。

特斯拉自动驾驶不依赖高精地图

尽管业界主流认为高精地图是无人驾驶汽车的标配，但特斯拉目前并没有采用高精地图的技术路线。

特斯拉CEO埃隆·马斯克（Elon Musk）认为，Waymo所代表的单车智能路线，严重依赖传感器的性能以及高精地图的先验信息，这种解决方案太过于针对明确且具体的路况。一旦无人驾驶汽车遇到高精地图没有覆盖的区域，或因施工、事故导致的道路调整，就完全失去了作用，从另外一个角度来说，就失去了无人驾驶的意义。

因此特斯拉依靠摄像头为主的计算机视觉方案，利用影子模式，搜集全球百万数量级汽车数据，通过超级计算机对数据进行训练，不断改善自动驾驶算法，让"汽车本身"与"人"一样智能，以取代高精地图的作用。

4.5 电子电气架构剧变，软件定义汽车成新时尚

本节阅读难度：★★★

全球最大的汽车零部件厂商德国博世集团（Bosch）在2016年系统地提出了汽车电子电气架构从分布式朝着集中式演进，这一趋势逐步被行业认可，并成为了公认的技术路线。

（1）传统分布式架构

传统的汽车电子电气架构，一般根据功能划分成不同的模块，每一个模块由一个特定的电子控制单元（Electronic Control Unit，ECU）控制，ECU本质上都是单片机MCU。各种功能不同的ECU相对独立，它们控制着汽车的发动机、刹车及车门等部件，常见的有车发动机控制器（Engien Control Module，ECM）、传动系统控制器（TCM）、制动控制器（Brake Control Module，BCM）、电池管理系统（Battery Management System，BMS）等。

随着汽车电子器件逐步增多，特别是无人驾驶汽车的发展，对于ECU的数量和算力需求都开始爆发式增长，尤其是ECU与ECU之间需要进行交互。

在传统的汽车供应链中，不同的ECU来自不同的供应商，有着不同的嵌入式软件和底层代码，兼容性和扩展性不好，这种分布式的架构在整车层面造成了相当大的冗余。每增加一个新功能，都需要增加一套ECU和通信系统，带来的线束成本及重量都会大幅增加，由于是分布式计算，大量运算资源也被浪费了。

在传统分布式电子电气架构无法支撑汽车功能持续增加的情况下，一种新的集中式电子电气架构方式出现了。

（2）新发展方向：集中式架构

汽车电子电气架构由分布式向着集中式发展，其核心思想是用少量的高性能计算单元取代之前大量的分布式MCU。

在保证汽车功能不受影响的前提下，减少了ECU的数量，同时让一个控制器同时兼具多种ECU的功能，这种将多种功能集成在一起的控制器称为域控制单元（Domain Control Units，DCU），也称为域控制器，这样汽车的各种功能就可以被整合分类到几个特定的域来控制，如自动驾驶、娱乐、网关等。

> **自动驾驶域控制器**
>
> 负责自动驾驶的域控制器，其本质是一块SOC级别的芯片，主要由三大类型芯片组成。
>
> 第一部分，主要用于环境感知和信息融合，需要适应深度学习算法超大算力需求，一般采用GPU或是人工智能芯片TPU，承担大规模浮点数并行计算，包括了摄像头、激光雷达等识别、融合、分类。
>
> 第二部分，主要负责逻辑运算和决策控制，类似于CPU，处理高精度浮点数串行计算。
>
> 第三部分，主要负责功能安全、冗余监控、车辆控制，不要求很高的算力，但是必须保证可靠性，一般采用MCU。
>
> 该控制器硬件上连接摄像头、激光雷达等传感器，还有车联网OBU、导航IMU等模块，主要的作用是负责对传感器感知到的环境信息进行融合、识别和分类处理，结合高精地图对汽车行驶进行路径规划和决策，从而实现对汽车的精确控制和自动驾驶。
>
> 如表4.4所示，全球比较有代表性的自动驾驶域控制器包括了特斯拉的FSD、英特尔Mobileye的Eye Q5、英伟达的Drive AGX Xaive，以及国内华为的MDC 600、地平线Matrix等。

表4.4 全球主流自动驾驶域控制器性能对比

性能	特斯拉 Tesla	英特尔Intel	英伟达 NVIDIA	华为	地平线
名称	FSD 3.0	Mobileye Eye Q5	Drive AGX Xaive	MDC 600	Matrix
芯片算力/TOPS	72	12	30	16	4
芯片功耗/W	72	5	30	8	2
芯片制程/nm	14	7	12	12	28

可以具体参考3.5.3节中对特斯拉全自动驾驶FSD芯片的介绍。

在域控制器架构的基础上，更进一步把各种不同功能的域整合在一起，使一个域控制器可以控制多个域，即跨域融合，目前正在成为行业的主流。

如图4.12所示，博世将电子电气架构的发展分为了六个阶段。

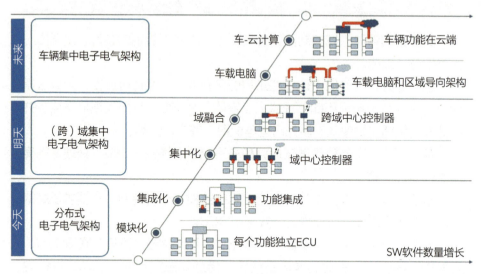

图4.12 汽车电子电气架构发展趋势

① 模块化阶段，每个ECU负责特定的功能，随着汽车功能增多，这种架构显得复杂且冗余，不具备可持续性。

② 集成化阶段，单个ECU可以负责多个功能，ECU的数量减少。

③ 域集中控制阶段，把可以集成的多项功能集中到一个域控制单元或域计算机，较第二阶段ECU数量进一步减少，功能集中度更高。

④ 跨域融合阶段，多个域融合到一起由跨域控制单元或跨域计算机控制。

⑤ 车辆融合阶段，汽车搭载的中央车辆控制计算机行使区域ECU功能。

⑥ 汽车云计算阶段，将汽车的功能部分转移至云中，车内的电子电气架构更加简化。

在第一、二阶段，汽车仍处于分布式电子电气架构阶段，ECU功能集成度低。

到了第三、四阶段，即域集中和跨域的架构阶段，按照功能，一般把汽车分为动力域、底盘域、座舱域、自动驾驶域、通信网关域、车身域六大部分。

而到了第五阶段，不再存在传统的车身域、动力域等，取而代之的是基于位置分布的"区域Zone"，比如中域、左域和右域，采用就近原则进行布置，这样能够大量节省相关的线束布置和安装。

最终到了第六阶段，统一由中央车载电脑控制或从云端控制，这个时候，软件和硬件会相互分离，传感器、线束、域控制器和其他硬件等将变得越来越标准化，而主要由软件去定义功能。

汽车电子电气架构，从分布式到域内融合、到跨域融合，最终走向中央计算的演进路线，是实现无人驾驶的重要一步，代表了汽车电子电气架构整体的发展方向。

（3）软件定义汽车

集中式电气架构的发展，让汽车的硬件体系逐渐趋于一致，一个控制器硬件可以去适应很多软件要求，要求硬件的资源更大、更冗余。同时也让软件的作用愈加凸显，软件逐步成为定义汽车功能的关键。

在软件定义汽车时代，汽车的生态发生了以下五个方面的变化。

① 商业模式：从单纯卖车改变为卖车和服务，车企之前以卖汽车为主要盈利点，软件定义汽车后，车企可以通过软件的升级和更新，延伸到卖服务，车企和用户由"一锤子买卖"关系转变为"可持续合作"的关系，汽车的硬件收入逐步降低，但软件收入增加。

② 产品定义：汽车本身从之前的"两年一改脸，四年一换造型"转变为"千人千面"，与智能手机类似，不同客户的需求可以通过软件来实现和精确满足。而汽车产品的定义从关注汽车性能（如动力、设计、能耗等）转变为更加关注以客户为中心的驾乘体验（如自动驾驶、互动、联网等）。

③ 研发流程：汽车的研发从"以硬件集成开发为主，软硬件集成开发"转变为"软件和硬件解耦单独开发"的流程，汽车产品上市之后，硬件已经完成开发，但软件依然在更新之中。

④ 人才结构：从传统"以硬件工程师为主"的人才架构转变为"懂汽车软件"的人才架构。

⑤ 供给关系：从"主机厂/一级供应商/二级供应商的线性关系"到"主机厂/供应商的网状关系"的改变，软件供应商会深度参与到整车开发的前期流程。

以上五个方面的改变，将会对汽车行业产生长远且深刻的影响，这一改变的根本原因就是以汽车电子电气架构为基础的软件地位的大幅提升。

"软件定义汽车"这个话题是在汽车电子电气架构从分布式向集中式演变这个大背景中出现的，其包含了众多的内容，这是本章节或者说本书无法全部覆盖的。这里想向读者传递的信息，即为以后汽车软件的地位会越来越重要，未来不懂软件的汽车企业，或者说不懂软件的汽车工程师，就没有了"吃肉"的权利，只能维持越来越低的利润跟在别人后头喝汤，或彻底被市场淘汰。

4.6 智能座舱的新风口

本节阅读难度：★★

无人驾驶的意义相当于"买车送司机"，让用户在车上的时间被解放出来，这时候汽车就从单纯的交通工具演变成了移动空间，成为连接"家"和"工作地"之外的第三个空间，而汽车座舱就是这个移动空间的核心。

（1）为什么需要智能座舱

根据马斯洛需求层次理论，无人驾驶汽车也需要逐步满足用户安全、舒适、社交、认同、个性化等不同层次的需求（图4.13）。

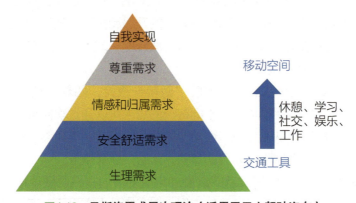

图4.13 马斯洛需求层次理论（适用于无人驾驶汽车）

① 安全：汽车装配更多安全配置和功能。
② 舒适：使用汽车更加省心、便捷、快乐。
③ 社交：更亲密的社交关系，从手机延伸到汽车。
④ 认同：通过汽车凸显社会定位，被身边人所认同。
⑤ 个性化：汽车更懂用户，能体现用户自我的意愿。

座舱作为汽车主要的承载体，也相应包含了"休憩、学习、社交、娱乐、工作"的空间属性，这些属性让座舱变得"智能"。

因此，智能座舱是无人驾驶汽车的必然产物，是无人驾驶汽车的新风口。

（2）智能座舱的两大内容

如果无人驾驶汽车关注的是车与环境及车与交通的关系，而智能座舱更多是探讨的是人与车的关系，即人与车的深度交互和深度理解。

智能座舱主要包含了交互和服务两大内容。

① 交互方面，能实现"拟人多模"。配合座舱生活化的设计，首先车内空间里需要一个拟人的"助手"，具有知识百科的功能，先能帮用户解决一些问题，缓解某些焦虑，还能管理用户健康。之后，"助手"能感知用户状态，使用户和"助手"产生情感共鸣，这样"助手"能逐步成为"伴侣"，和用户拥有共情和记忆。

在这个过程中，需要支持以语音为主的多模态交互，包含了视觉（光场设计）、听觉（声场设计）、热觉（温度场设计）、平衡感（运动场设计）、体觉（力场设计）、嗅觉（气味设计）全方位的内容。

实现多模态交互，需要将包括指纹、人脸、虹膜、声音、气味、健康在内的大量传感数据融入座舱，也需要支持包括按键、旋钮、轨迹球、到遥感、触控、语音、振动、视线、手势以及脑波操纵等多样化的操控方式。

② 服务方面，基于"场景驱动"。智能座舱的服务，包括了住宿饮食、社交娱乐、行程规划、停车补能、个性化精准营销等，其核心是基于场景的服务，而不是基于产品设计来驱动。

如图4.14所示，智能座舱需要融合数字生态系统，使用大数据、人工智能、云技术等，把搜集到的动静态数据（车端的数据和云端的数据）形成用户画像，理解和智能判断出用户所处的场景，基于场景主动进行服务推荐，或者是响应用户主动搜索需求，最终通过交互实现服务。

这也是满足个性化需求，同时建立行业壁垒，避免同质化的关键。

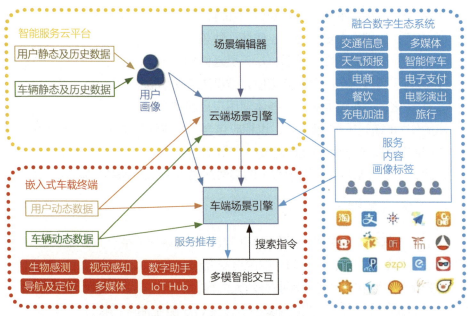

图4.14 智能座舱的场景驱动服务

（3）智能座舱想象空间巨大

智能座舱典型的人机交互界面包括了液晶仪表盘、抬头显示系统、方向盘、流媒体后视镜、中控屏、后排娱乐系统、座椅、智能表面（包含门板、控制台等）区域，如图4.15所示。

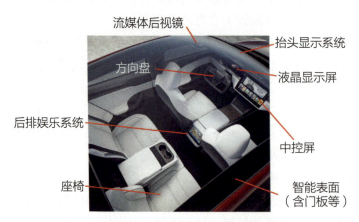

图4.15 智能座舱人机交互典型界面

也就是说，针对用户交互和服务，都可以在这些区域"做文章"。中控屏是智能座舱最主要的硬件之一，也是车载信息娱乐系统（In-Vehicle Infotainment，IVI）的主要平台。

传统汽车座舱的中控、仪表等系统相互独立，分别由单一芯片驱动，各控制器间通信成本高昂。伴随车内屏幕数增多，逐渐朝着大屏化、多屏互动、一芯多屏、多功能集成的趋势发展。

作为车内主要信息输出端口，液晶仪表、中控屏、抬头显示、后排娱乐系统、透明A柱等新型显示屏将进一步融合，通过同一芯片进行管理，通过同一系统进行交互。

此外，随着表面新材料的不断成熟，智能表面也逐渐成为一种交互形式，通过集成光学照明设计、嵌入传感器等工艺，在门饰板、天窗、车门、门把手等汽车内饰的表面，也能实现显示和控制功能，此也成为近几年智能座舱创新的重要部分。

最后，不同于算法、传感器、芯片、软件等，智能座舱能够直接被用户感知，最终将以什么样的形态呈现在用户面前还未可知。作为无人驾驶汽车最重要的载体，其具备无穷大的想象空间，全球科技巨头都加入了这场竞赛，谁将抢占这一市场，请拭目以待。

4.7 "缺芯少魂"，操作系统也被卡脖子

本节阅读难度：★★★

汽车电子电气架构从分布式向集中式演进，一方面域控制器是核心，另一方面随着软件定义汽车成为行业共识，车载操作系统也成为了各企业必争的战略要地。

操作系统是智能座舱软件部分的核心，特别是底层操作系统。

（1）车载操作系统"三分天下"

操作系统指的是用于管理计算机硬件和软件资源，并提供通用服务的计算机程序，英文名称为Operation System，缩写为OS，是软件运行的底层基础。

操作系统主要分为两类，一是与安全相关的车载控制系统，关注高安全性和高可靠性，二是与用户体验相关的车载信息娱乐系统（IVI），更加关注丰富的应用。

目前QNX、Linux和Android是全球最主要的三大车载底层操作系统，其对比情况如表4.5所示。

表4.5 三大车载底层操作系统对比

操作系统	简介	优势	劣势	合作企业
QNX	黑莓旗下的一款嵌入式系统，一种商用类的Unix实时操作系统	安全性、稳定性高，符合车规级要求	需要授权费用，兼容性较差，开发难度大	福特、奔驰、奥迪、宝马等
Linux	基于POSIX和Unix的多用户、多任务、支持短线程和多CPU的操作系统	免费，灵活性高	应用生态不完善，技术支持差	丰田、日产、特斯拉等
Android	谷歌开发的基于Linux架构的系统	开源，易于自研，移动终端应用生态完善	安全性、稳定性较差	本田、蔚来、比亚迪、吉利等

QNX具有安全性和稳定性高的优点，主要应用于车载控制系统，但其并非开源，存在开发难度大、成本高等问题。Linux为免费的开源系统，具备定制开发灵活、成本较低等特点，主要应用于信息娱乐系统。谷歌的Android是基于Linux内核开发而来，凭借其应用生态完善的优势，也受到众多企业的青睐。

国内企业也纷纷加入操作系统竞争市场，阿里巴巴基于Linux系统开发出操作系统AliOS，华为同样基于Linux系统开发出了鸿蒙系统（Harmony OS）。

（2）操作系统的分层架构

操作系统成功与否的关键在于生态的建立，而操作系统是否开源、面向开发者的开发工具是否完善、终端用户体验是否愉悦均在此中间起到关键性作用。

目前汽车企业一般都是在上述三大底层操作系统基础上进行定制化开发，形成自己独有的车载系统，以打造差异化、个性化的体验。

如图4.16所示，为车载操作系统的整体架构，采用垂直分层的结构，由硬件层、底层操作系统、中间层、应用层组成。

① 硬件层：主要是支撑操作系统运行的芯片，即智能座舱域控制器。

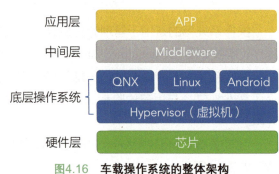

图4.16 车载操作系统的整体架构

智能座舱域控制器

与自动驾驶域控制器一致，智能座舱域控制器本质也是一块SOC级别的芯片，但与自动驾驶域控制器又有所不同。

智能座舱域控制器需要保证应用软件流畅运行、可升级，需要支持人机交互，支持车内以太网通信及车外的联网，也需要支持互联网数据存储等。一般有CPU和GPU两大部分，CPU主要负责支持车载控制系统，而GPU负责支持车载信息娱乐系统。

全球主流的智能座舱域控制几乎被国外厂家所垄断，如表4.6所示。

表4.6　全球主流智能座舱域控制器性能对比

性能	高通 Qualcomm	德州仪器 TI	恩智浦 NXP	瑞萨电子 Renesas	英特尔 Intel	三星 Samsung
名称	骁龙820A	Jacinto 7	i.Max8QM	R-Car H3	A3960	Exynos Auto 8890
CPU频率	2.1GHz	/	1.2GHz + 1.6GHz	1.5GHz	/	/
CPU制程/纳米	14	16	28	16	14	14
CPU算力/DMIPS	45200	22000	26000	40000	42000	/
GPU频率/MHz	624	750	850	600	650	/
GPU算力/GFLOPS	588	166.4	128	288	216	/

芯片常用的算力单位

MIPS（Million Instructions Per Second），计算机每秒执行了多少百万条指令。

DMIPS（Dhrystone MIPS），采用Dhrystone整数运算测试方法，衡量计算机测整数的计算能力。

FLOPS（Floating-point Operations Per Second），计算机每秒所执行的浮点运算次数。GFLOPS（Giga FLOPS），等于每秒10亿（10^9）次

的浮点运算。

TOPS（Tera Operations Per Second），特指人工智能芯片的计算能力，每秒可进行一万亿次（10^{12}）操作。

DMIPS、GFLOPS、TOPS分别是常用CPU、GPU、人工智能芯片的算力评估标准。

② 底层操作系统：由于车载控制系统（如仪表盘数据）和信息娱乐系统的代码、数据属于不同层级，目前主流市场一般采用不同的底层操作系统来驱动，如用QNX或Linux来驱动车载控制系统，车载信息娱乐系统则以Android为主。因此在硬件层上一般会引入虚拟机，进行虚拟化的软件配置，同一芯片可同步支持Android、Linux、QNX多系统。

③ 中间层：介于底层操作系统和应用层之间的软件，用于连接各个系统以及应用软件。有利于开发人员避开复杂的底层操作系统，直接在简单而统一的开发环境下接入应用软件，缩短开发周期，减少系统的维护、运营和管理的工作量。

④ 应用层：包括应用程序和手机互联，包括了导航、音乐、视频、游戏、生活等各类应用软件，直接决定了生态的建立。在车载信息娱乐系统发展的初期，手机互联也是不具备联网功能车型的过渡方案，典型的手机互联方案包括了苹果CarPlay、百度CarLife、华为的HiCar等。

如果说芯片是无人驾驶汽车硬件的核心，那么操作系统就是软件的核心，"缺芯少魂"是在无人驾驶领域所面临的窘境，"芯"指的就是芯片，"魂"则是基础、共性的操作系统，都是需要继续突破的主要瓶颈。

4.8 爆发的标志：无人驾驶大规模路测

从2000年DARPA无人驾驶挑战赛算起，无人驾驶已经走过了二十余个年头。第一个十年无人驾驶汽车主要在科技比赛中"小打小闹"，那么第二个十年的前五年（2010—2015年），谷歌将无人驾驶汽车带到了路上，成为"第一个吃螃蟹"的科技公司，到了第二个十年的后五年（2016—2020年），无人驾驶走向了大规模路测阶段。

道路路测，也是无人驾驶汽车当前最为时髦、某种程度上也较直观的技术成熟度体现，本节主要为读者介绍有关无人驾驶路测的话题。

4.8.1 加州路测报告,全球无人驾驶的"江湖排名" **本节阅读难度:★**

美国加州,是无人驾驶技术的发源地,在技术、资金、政策上都占据全球优势,这里云集了全球最顶尖的汽车厂商、零部件供应商以及科技巨头进行无人驾驶的研发和道路测试,因此加州被称为无人驾驶路测的圣地。

全球共有超过60家公司或者机构获得加州路测资质许可,自2015年起,加州机动车管理局要求这些公司每年上交一份无人驾驶路测报告。

作为全球无人驾驶技术的风向标,该报告主要涵盖了测试里程、测试场景、脱离记录等信息,这些信息也被作为全球无人驾驶技术江湖排名的参考依据。

这里引用2019年在加州进行路测的主要厂商的两项数据进行说明。

首先是测试里程,如表4.7所示,为排名前十的厂商测试里程。

表4.7 2019年加州路测主要厂商里程

厂商排名前十	测试里程/英里[①]
Waymo(美国)	1454137
通用Cruise(美国)	831040
小马智行(中国)	174845
百度(中国)	108300
Nuro(美国)	68762
Zoox(美国)	67015
Lyft(美国)	42931
AutoX(中国)	32054
奔驰(德国)	14238
Aurora(美国)	13429

① 英里为英制长度单位,1英里≈1.609千米。

据悉,美国加州私家车年平均行驶里程约13000英里,而2019年路测超过10000英里的厂商有十家, Waymo和通用汽车的Cruise路测数据遥遥领先其他厂商,中国的小马智行和百度紧随其后。

第二个数据是脱离记录(Disengagement Record),即路测汽车因故障、路面突发或者人为原因,脱离无人驾驶模式,改为人类驾驶员接管车辆的情况数据。

如表4.8所示为统计的MPI(Miles Per Intervention)数据,即每两次人工干预之间行驶的平均里程数，计算方法十分简单，即用测试里程除以脱离次数。

表4.8 2019年加州路测主要厂商MPI统计

主要厂商	MPI/英里	测试车辆数量/辆	脱离次数/次
百度（中国）	18050	4	6
Waymo（美国）	13219	148	110
通用Cruise（美国）	12221	228	68
AutoX（中国）	10684	8	3
小马智行（中国）	6475	22	27
Nuro（美国）	2022	33	34
Zoox（美国）	1595	32	42
滴滴（中国）	1534	12	8
智加科技Plus（美国）	940	2	2
Almotive（匈牙利）	233	3	26

从表4.8可以看出，来自中国的厂商进步让人惊喜，单纯按照MPI排名，百度首次超过了Waymo，成为表现最好的企业。在排名前十的榜单中，有四家是中国企业，分别是排名第一的百度、第四的AutoX、第五的小马智行，以及第一次出现在报告中位列第八名的滴滴。

不过针对于使用脱离频率MPI来判断无人驾驶技术高低在行业有很大的争议，因为每一家企业的脱离次数统计的标准和遇到的场景都不太一样。

据统计，在获得加州自动驾驶路测牌照的60多家厂商中，有五家公司获准能用自动驾驶汽车运送乘客，包括三家美国公司Aurora、Waymo（图4.17）、Zoox，两家中国公司小马智行和AutoX。

图4.17 Waymo自动驾驶出租车Robotaxi

4.8.2 百度领衔，北京打造中国无人驾驶路测的圣地

本节阅读难度：★

美国加州是全球无人驾驶路测的圣地，那么中国的无人驾驶路测圣地呢？答

案是北京。

北京从2018年开始，引入了类似加州的无人驾驶道路测试，同样会在每年发布路测报告，这里引用《北京自动驾驶车辆道路测试报告（2020）》进行介绍。

（1）从载人到无人，百度"承包"

如表4.9所示为统计的2020年各厂商在北京路测的里程数。

表4.9 2020年北京路测厂商测试数据统计

厂商	通用技术测试车辆数量/辆	载人测试车辆数量/辆	无人化测试车辆数量/辆	测试里程/公里
百度	55	43	5	1125305
戴姆勒	2	/	/	16
小马智行	5	5	/	41938
奥迪	2	/	/	194
丰田	4	/	/	3893
三快	1	/	/	330
沃芽科技	4	/	/	1540

北京无人驾驶路测主要分为三大场景，即最基础的通用测试、载人测试和无人测试。其中，载人测试分为三个阶段，第一个阶段车上需要配备驾驶员和工程师，乘客需是内部员工；第二个阶段，乘客可以面向社会公众，车内仍需配备驾驶员和工程师；第三个阶段，车内只需要配置驾驶员。

百度在2019年年底拿到了第一批40张载人测试牌照，2020年5月，小马智行也拿到了5张载人测试牌照。截至2020年底，百度有43辆车在开展第三阶段的载人测试，而小马智行有5辆车在开展第一阶段的载人测试。

2020年10月起，百度在北京亦庄、海淀、顺义三地，开放了Robotaxi的载人试运营，截止到2020年底，有15006人次使用了百度自动驾驶出租车（图4.18）。

需要指出的是，当前北京载人试运营并不允许商业化运行。

图4.18 百度在北京用于自动驾驶试运营的出租车

在载人测试的基础上，北京在2020年引入了无人化测试。无人化测试需要为每辆测试车辆配备1名测试驾驶员，不过驾驶员可在车外进行远程控制。这也是北京首次允许测试主体在公开道路进行无人化自动驾驶测试，同时也意味着自动驾驶汽车开始"持证"上路。

目前，只有百度在2020年12月拿到了首批5张无人化路测第一阶段的通知书，截止到2020年，百度的5辆车一共开展了64827公里的无人化测试验证。

无论是载人测试，还是无人测试，目前百度在北京的测试里程上都处于遥遥领先的地位。

（2）征途漫漫

根据北京路测报告，截止到2020年底，总共有7家互联网汽车、6家主机厂和1家地图厂商共73辆有效测试车辆在北京进行了路测。从2018年开始，累计测试里程221.3万公里，北京市自动驾驶数据已经处于全国领先地位。

这些数据初看很耀眼，但是仔细分析，特别是2020年的路测情况，各大车企"参与程度不高"，只有丰田、奥迪、戴姆勒三家外资车企，而且测试里程都较低。相对来说，美国加州自动驾驶路测企业更为多元和积极。

北京应该尝试鼓励更多外资车企，特别全球头部车企参与本地路测，力争成为全球自动驾驶领域的又一"权威"，同时还能帮助中国成为全球自动驾驶相关标准以及评估体系的领导者。

打造无人驾驶圣地，依然征途漫漫，唯有奋斗。

4.8.3 城市先导区建设和智慧高速试点"如火如荼"

本节阅读难度：★

从全国范围来看，我国对于无人驾驶的测试目前主要分布在示范区、城市先导区及智慧高速公路三个部分。

（1）示范区是第一步

测试示范是无人驾驶走向商用化的第一步，我国无人驾驶示范区，也称为智能网联测试示范区，主要分为封闭测试和开放道路测试两部分。

按照不同的测试场景，封闭测试场地可以分为T1至T5五个级别：T1为最基础的笔直道路，只有红绿灯等简单交通设置；T2为简单城市场景，可让汽车实现右转；T3为常见城市场景，有城市平面立交桥；T4为复杂城市场景，有隧道、林荫道等设置；T5为特殊城市场景，可实现雨雾、湿滑路面等复杂交通和天气环境。

据不完全统计,除了上一节提到的北京,目前我国有已建成和待建设约50个封闭测试场地,其中30个具备车联网功能。

交通部认定了3个智能网联封闭测试场,分别是北京通州国家运营车辆自动驾驶与车路协同测试基地、重庆车检院自动驾驶测试应用示范基地、长安大学车联网与智能汽车试验场(图4.19)。

工信部和交通部联合认定3个智能网联封闭测试场,分别是自动驾驶封闭场地测试基地(泰兴)、上海临港智能网联汽车综合测试示范区、襄阳市智能网联汽车道路测试封闭试验场。

图4.19 长安大学车联网与智能汽车试验场

虽然测试场地众多,但目前存在着建设标准不统一、场景差异大、建设协同性差、数据共享难的问题,同时由于建设成本极高,还面临着运营收益不佳的问题。

(2)竞争激励的城市先导区

鉴于车联网网络主要覆盖区域是城市,因此针对城市级的规模应用项目,我国又提出了车联网先导区建设。

工信部于2019年5月和2019年12月分别支持创建江苏无锡和天津西青国家级车联网先导区。2020年11月,长沙在竞争激励的22个城市中脱颖而出,成为第三个国家级车联网先导区。

被工信部授牌的三个国家级车联网先导区有不同的分工，无锡主要完成重点区域交通设施车联网功能的改造，天津主要负责加快关键急需标准制定和验证，长沙主要负责构建丰富场景，关注车载终端用户，在公交、出租等车辆上率先安装OBU（图4.20）。

车联网先导区通过规模部署C-V2X网络、路测单元RSU，汽车装配一定数量的车载终端OBU，通过重点区域的交通设施车联网功能改造和核心系统升级，最后逐渐实现整个主城区域车联网的覆盖。

先导区的建设与我国通过车路协同"弯道超车"的思路不谋而合。

图4.20　长沙车联网先导区建设

（3）智慧高速齐头并进

先导区的建设主要关注在城市道路，但城市道路比较复杂，场景众多，因此技术难度相对较大。而对于高速公路，场景相对来说较为单一，所以智慧高速试点也是另外一条平行的发展路径。

目前全国各地都在紧锣密鼓地推进智慧高速的试点，北京和河北有延崇、京雄、大兴新机场，浙江有杭绍甬、沪杭甬等，广东有南沙大桥和广乐，江西有宁定、昌九，吉林有珲乌，江苏有S342无锡段、G524常熟段等，福建、湖南、河南、山东、海南等省份也都有智慧高速示范工程。

预计未来几年，将有更多城市申请将示范区上升为先导区，同时智慧高速的建设也在有条不紊地推进，从总体发展态势来看，其建设都可以用"如火如荼"四个字来形容。

随着投资规模快速扩大，逐步形成产业化，在重点路段、部分高速公路率先完成建设，最终变为城市道路和高速公路较为成熟的技术标准。

4.9 汽车OTA，让软件定义汽车成为现实

本节阅读难度：★★

OTA，空中下载技术，也即远程无线升级技术。在智能手机广泛应用的今天，这项技术算不上新鲜事物，智能手机用户经常收到系统更新推送，用户在系统引导下，从云服务器下载更新包并完成对手机系统的升级。

与智能手机类似，汽车OTA又分为了固件空中升级FOTA（Firmware Over The Air）和软件空中升级SOTA（Software Over The Air），FOTA针对于固件，SOTA偏向于应用软件，不过FOTA与SOTA的界限比较模糊，均可统称为OTA。

相比于智能手机，汽车OTA只是刚刚起步。

（1）OTA是实现软件定义汽车的主要路径

汽车OTA主要是为了解决以下核心问题。

① 修复软件缺陷。目前整车的软件代码量已经超过亿行，对于如此庞大的代码基数，很难做到软件无缺陷，使用OTA能做到对软件缺陷的及时响应，特别是对无人驾驶汽车至关重要的信息安全漏洞能实现快速修复。软件的缺陷不止包含功能性的bug，信息安全漏洞在网联汽车中也至关重要。

② 引入新功能。借鉴互联网思维，无人驾驶汽车一般只需要安装基本功能的软件，即可完成交付，后续新功能将通过OTA的方式推送给用户，极大地缩短了新车型开发上市周期，缓解了用户交付压力。同时还可以通过软件的升级，实现新的盈利模式。

③ 提升用户体验。借助大数据，通过分析用户对汽车使用情况，可以有针对性的修改软件功能和参数，如优化智能座舱的人机交互、改善自动驾驶算法等，可以大幅度提升用户体验，实现"千人千面"和"常用常新"的软件定义汽车价值。

（2）OTA如何升级

目前车企已经纷纷开始使用OTA技术，但大部分只是应用在仪表等子系统，

能够实现整车OTA厂商只有少数几家。特斯拉自2013年就已经开始使用OTA技术，为旗下所有车型更新过地图、语音、悬挂、刹车、电驱动、自动驾驶软件等数内容，这一切也都得益于特斯拉前瞻性的集中式整车电子电气架构。

如图4.21所示，为典型的整车OTA架构。

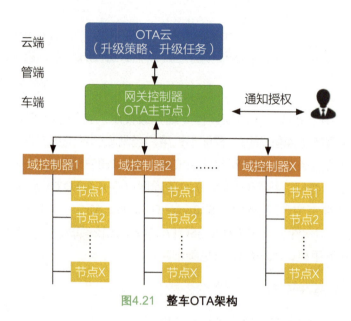

图4.21　整车OTA架构

汽车OTA是一个"云—管—端（车）"的系统。云端主要负责升级策略、升级任务、软件版本、数据分析等升级管理工作；车端主要负责软件包下载、软件包刷写、安全及完整性校验等软件升级工作；管端负责将云端和车端建立连接，方式也有很多，如WiFi、蓝牙、5G等。

OTA一般分为以下三个步骤。

① 云端生成更新软件包，软件包由车企或软件供应商经过测试后上传提供，同时在云端要针对于不同车型和不同控制器的升级过程、升级条件等制定不同升级策略，还要制定用户通知等升级任务。

② 通过管端建立OTA云端与车端之间的连接，用户获得含升级范围、升级耗时等内容的升级通知，在获得用户授权后，软件包传输到汽车的OTA主节点网关控制器上。

③ OTA主节点负责将软件更新分发到各域控制器的各子节点上，之后进行升级包的安装。车端在升级执行完成后，无论成功还是失败，都需要向云端报告相关的情况。

（3）OTA的三大挑战

尽管汽车OTA技术已经成熟，但OTA却并没有想象中的普及，主要有三大挑战。

① 安全。需要从软件包制作、发布、下载、分发、刷写等环节及从云、管（网络）、车端来保证整个系统的安全。

② 鲁棒性。在OTA传输过程中，需要考虑到由外界干扰或其他因素导致刷写异常或者中断，一般采用"边备份，边运行"的模式，如果升级过程中发生错误，域控制器会自动回滚至上一版程序，防止汽车变"砖头"。

③ 速度。其主要由下载和刷写速度共同决定。

总之，汽车OTA首要安全，次要灵活，最后要速度。汽车OTA并不是洪水猛兽，也不是阳春白雪，OTA能够为用户、厂商带来共同收益，是新趋势，也是新挑战。

4.10 面向无人驾驶的线控底盘技术

本节阅读难度：★★

本章的最后一节来关注无人驾驶汽车的执行层，即线控底盘技术。

传统汽车底盘，一般由发动机悬置系统、进排气系统、传动系统、燃油系统、换挡踏板系统、悬架系统、转向系统、轮胎系统、制动系统等子系统构成。

线控技术，英文名称为Drive By Wire或X By Wire，源于飞机的控制系统，将飞行员的操纵命令转化成电信号，通过控制器控制飞机飞行。

线控底盘采用类似的控制方式，利用传感器感知驾驶员的意图，通过导线传输电信号的方式，取代传统汽车靠机械、液压、气动等形式，实现汽车的转向、制动、驱动等功能。

线控底盘主要有五大系统，分别为线控转向、线控制动、线控换挡、线控油门、线控悬挂系统。线控油门、线控换挡、线控悬挂技术都已经成熟，最为关键的线控转向和线控制动系统目前还没有较为成熟的技术方案。

（1）线控转向系统

对于L3及以上等级自动驾驶汽车，部分或全程会脱离驾驶员的操控，因此对于转向系统等要求精确、可靠，只有线控转向（Steering By Wire，SBW）可以满足要求。

汽车转向系统经历了从机械式到液压助力，再到电控液压助力，以及电动助力一系列的进化。目前市场上主流采用电动助力转向系统（Electric Power Steering，EPS），主要由ECU、转矩传感器、助力电动机和减速机构等组成。

驾驶员在转动方向盘时，转矩传感器检测到转向盘的转向以及转矩的大小，将电压信号输送到ECU，ECU通过计算，向电动机控制器发出指令，使电动机输出相应大小和方向的转向助力转矩，从而产生转向助力。

而线控转向系统，是在EPS系统上发展起来的。SBW进一步取消了方向盘与转向齿条间的机械连接，采用导线连接，ECU信号中增加了汽车速度、加速度等信息，以提高车辆的操纵稳定性，同时获得更快的响应速度，两系统外形如图4.22所示。

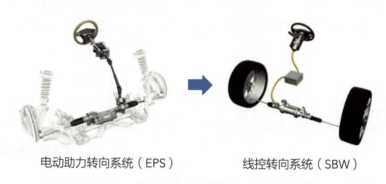

电动助力转向系统（EPS）　　　　线控转向系统（SBW）

图4.22　电动助力转向系统和线控转向系统

（2）线控制动系统

线控制动（Brake By Wire，BBW），是线控底盘技术中是难度最大、也是最关键的技术。线控制动系统决定了无人驾驶汽车的底盘安全性和稳定控制，需要具备响应速度快、平顺性好等性能。

与转向技术发展过程相似，制动技术也经历了从机械制动到液压制动再到电子制动的发展过程。

目前已经普遍应用的电子液压制动（Electro Hydraulic Brake，EHB），使用制动液作为动力传递媒介，也用电子器件替代了一部分机械部件的功能，已经具备半线控的功能。

图4.23所示的线控制动系统和传统制动系统的最大区别，是不再需要制动液和液压部件，踏板信号与执行器之间完全靠电子信号传输，是真正的线控制动系统。

总体来看，线控底盘技术还在不断发展过程中，安全性对于L3以上级别的自动驾驶汽车，是最基础也是最核心的要素。

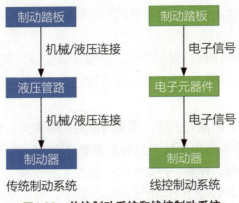

图4.23　传统制动系统和线控制动系统

纯机械式控制虽然效率低，但可靠性高，线控技术虽然反应快，集成度更高，但同时也面临软件的故障所带来的隐患，因此需要实现功能上的双重甚至多重冗余。

4.11　一文梳理无人驾驶的核心技术

本节阅读难度：★

至此，所有关于无人驾驶汽车的核心技术要点本书已经全部介绍完毕，如图4.24所示，对内容进行了汇总，帮助读者进行回顾和梳理。

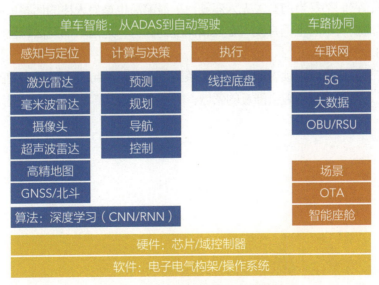

图4.24　无人驾驶汽车核心技术总结

无人驾驶汽车总体上分为了**单车智能**和**车路协同**两条技术路线，最终目的都是实现完全无人驾驶。

单车智能，依据SAE自动驾驶分级，沿着从高级辅助驾驶ADAS向高级别**自动驾驶**过渡。具体地，单车智能主要由**感知与定位**、**计算与决策**、**执行**三大部分组成。

在感知与定位中，由**激光雷达**、**毫米波雷达**、**摄像头**、**超声波雷达**四大传感器实现感知，而**高精地图**和**全球卫星导航系统GNSS**帮助定位；在计算与决策中，分为了**预测**、**规划**、**导航**、**控制**模块；而人工智能**深度学习算法**融合在以上几大模块中（具体参考3.6.2小节百度Apollo介绍）；最后是执行层，**线控底盘**特别是转向和制动尤为关键。

车路协同，其核心就是**车联网**，5G是主要的通信方式，车联网让汽车也融入了**大数据**中，推进车联网建设，需要在车端安装OBU和在路段安装RSU实现"聪明的路"。

没有**场景**，无人驾驶汽车无从谈起，无人驾驶汽车也让**智能座舱**成为了新的风口。

整车**电子电气架构**的剧变，也让软件的作用愈加凸显，软件逐步成为定义汽车功能的关键，而OTA是实现软件定义汽车的必不可少的方式。

在整个无人驾驶汽车基础体系中，硬件上的**芯片**和软件的**操作系统**是核心，也是急需突破的卡脖子技术。

这里需要再次向读者说明，对于以上提到的每一个技术模块或知识点，本书均有提及，它们都是当前有关无人驾驶汽车最前沿也是最火热的话题，每一项的背后，都需要大量的工程开发、专业和深度的探讨，这是本书无法、也没有必要覆盖掉的。

本书的目的是希望读者能从宏观和系统层面，理清每一个要素之间的逻辑关系，对无人驾驶汽车可能会涉及的领域，有一个宏观且不失深度的把握。

第 5 章

无人驾驶的商业应用

本章知识点
市场、生态、商业模式

本章开始介绍与无人驾驶商业有关的内容，主要分为无人驾驶市场和商业模式两大部分。

先从2017年的一场"世纪收购案"说起。

5.1 以色列史上最大投资，英特尔巨资收购Mobileye

本节阅读难度：★

2017年3月13日晚，芯片巨头英特尔突然宣布以153亿美元收购Mobileye，双方已经达成最终的收购协议。这是以色列高科技公司最大的收购案，也是英特尔历史上第二大并购案。

依据该收购协议，英特尔旗下子公司将以每股63.54美元的现金收购Mobileye全部已发行流通股，高于前天收盘价34.7%的价格。

那么，是什么驱动着英特尔斥巨资，甚至是溢价来收购一家在无人驾驶行业并没有实现持续盈利、且2017年年收入仅为5亿美元左右的公司呢？（图5.1）

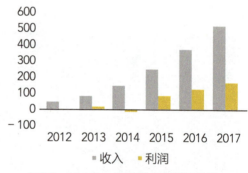

图5.1 Mobileye历年收入和利润汇总
（单位：百万美元）

要回答这个问题，可以从以下的三个角度来考虑。

① 企业之间协同效应。英特尔作为一个资深的科技巨头，收购Mobileye将为其带来技术红利。例如，在官方给出的阐释中，两方将在计算机视觉、无人驾驶数据库、高精地图及感知决策和人工算法等领域形成协同效应。

在未来，两方将更好地为供应商和主机厂提供市场上最佳的解决方案，同时也能推进无人驾驶的落地应用和商业模式成形。当然，依据英特尔CEO表示：收购Mobileye也是为增强自动驾驶安全性。

简单来说，双方通过在车载计算产品及系统芯片的上下游结合，都会变得更好和更出色。

② Mobileye自身的资源和增长潜力。Mobileye自身的资源和增长潜力也是英特尔在此次收购中看重的另一个点。从图5.1中，可以注意到Mobileye在2014年上市以来，呈现出良好的增长势头；在2016年甚至实现了113%的营收增长。该指数级增长的背后，离不开Mobileye励精图治打造的客户关系。

从第三方数据了解到，Mobileye的收入中57%来自于四大主机厂：通用、日产、现代和宝马。而汽车行业的资深人士一定了解行业的"游戏规则"，由于供应商审核、开发等环节，一般的汽车供应商需要2~3年的时间才能进入国际领先主机厂的供应商库，进而通过合作关系实现营收和利润的增长。

英特尔作为汽车行业的"门外汉"，看中了Mobileye在这方面的潜力。以色列有着强大的科技创新能力，以色列的创业公司往往以技术驱动型为主，且针对具体的细分化领域。英特尔也看到了Mobileye背后的创新土壤，相信未来通过强强联合可以真正地实现"科技改变生活"。

③ 无人驾驶的市场潜力。根据相关机构预测：到2021年，预计全球无人驾驶汽车市场规模将达70.3亿美元；到2035年，预计全球无人驾驶汽车销量将达2100万辆。各大传统车企，如大众、宝马等，各类互联网企业，如微软、谷歌等，都纷纷入局，试图一起将这块"大蛋糕"瓜分。

可见无人驾驶的市场潜力巨大，吸引着各大巨头争相布局。这一部分的内容将在下一节展开。

5.2 无人驾驶的市场

本节从市场容量、企业转型、产业生态三个角度阐述有关无人驾驶汽车的市场情况。

5.2.1 无人驾驶"钱景"广阔

本节阅读难度：★

进入21世纪后，无人驾驶成为整个国际的重点研究方向和领域，各方面的技术都日趋成熟，无人驾驶也逐渐成为人们关心的热点话题。

各类相关公司如雨后春笋般出现，吸引着一批批资金涌入。科研、技术、关注度及资本的推动，使得无人驾驶这块大"蛋糕"不断吸引着新玩家入局。因此，无人驾驶的市场规模一次又一次地刷新着各大报告。

据中商产业研究院发布的《2018—2023年中国无人驾驶汽车行业市场前景调查及投融资战略研究》报告显示（图5.2）：2021年，预计全球无人驾驶汽车市场规模将达70.3亿美元；到2035年，预计全球无人驾驶汽车销量将达2100万辆。

而近几年的全球汽车市场规模的体量也在百亿美元级别，全球乘用车的销量也在6000~7000万辆之间。这也就是说，从市场规模和体量上来看，无人驾驶无疑是汽车发展史上又一个重要的革新阶段，无人驾驶汽车市场完全有可能发展成和当前汽车市场体量相当的市场。

这是多么令人激动的画面！这也是为什么，为了占领未来市场的"制高点"，无论从国家层面、传统汽车制造商和供应商层面，还是新兴无人驾驶初创公司层面，大家都不遗余力地投入，甚至做到了"用亏本买卖来赚吆喝"！

而美国IHS汽车信息咨询公司也发表报告指出：2035年，中国将成为世界最大的无人驾驶汽车市场，将拥有超过570万辆无人驾驶汽车，同时，欧洲的销量将达420万辆，而非洲和中东地区的销量也将达到100万辆，日本和韩国市场将售出120万辆无人驾驶汽车。

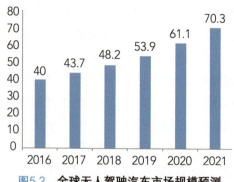

图5.2　全球无人驾驶汽车市场规模预测
（数据来源：中商产业研究院）

各大传统车企也为瓜分市场不断布局，纷纷推出属于自己的无人驾驶计划。一汽集团、上汽集团等均开始从L3级别做起，大多数预期在2025年实现完全自动驾驶。可见在2025年之后，将迎来完全自动驾驶的汽车新时代。那时，经过数年实验的无人车将真正走进家家户户，销量也将迎来井喷式增长。

同时，无人驾驶扩大了传统汽车生态中的产业链，为各个领域的企业开辟了多元化的切入点。市场玩家也不再局限于传统的车企，互联网企业也纷纷"参战"。通过提供软件服务，或战略投资两种形式，试图与车企一起"瓜分无人驾驶市场"。

① 软件服务案例（百度和微软）。2017年7月19日，百度与微软宣布，计划联手进行自动驾驶的全球技术开发与推广，微软将为中国以外地区的百度开放自动驾驶平台Apollo（阿波罗）提供Azure云服务。

② 战略投资案例（腾讯）。2015年7月，富士康、腾讯与和谐汽车按照3∶3∶4的比例出资，共同注册成立河南和谐富腾互联网加智能电动汽车企业新能源合伙企业（有限合伙），初始规模人民币10亿元。2017年3月，领投蔚来汽车，使其完成了6亿美金的融资计划。同年3月，腾讯扩大持有特斯拉股份至5%，成为特斯拉的第五大股东。通过融资控股来布局无人驾驶。

总体来说，无论是传统车企的一系列计划，还是互联网巨头的频频出击，或许都标志着无人驾驶这一市场的"钱景"巨大，各个玩家均已摩拳擦掌，等待着去收获最后的果实。

5.2.2 无人驾驶倒逼企业变革

本节阅读难度：★

自1886年卡尔·本茨（Karl Friedrich Benz）制造的第一辆汽车问世以来，汽车行业正经历着前所未有的巨大变革。

这些变革主要体现在四个方面，德国汽车巨头戴姆勒将其总结为"瞰思战略"（C·A·S·E），包括了智能互联、自动驾驶、共享出行、电力驱动。而在中国，汽车行业领头羊上汽集团的专家将其总结为"新四化"（电动化、智能化、网联化、共享化）。

可见无人驾驶已经成为各个企业的发展战略中不可或缺的一环。

目前来看，无人驾驶犹如一股不可阻挡的外力，倒逼汽车行业的传统玩家进行更深入、更彻底的变革。

这些变革来自于以下几个方面。

（1）对于技术能力储备的思考：从硬件到软件的转变

对于一个标准的传统车企，通常将其成为整车厂，而其主要的工作就是将各个零部件进行整合，拼装出整个汽车。那么对于传统的车企来说，或许他们需要的更多是如何更好地进行汽车机械部分的设计与生产。但是在无人驾驶的大潮来临之际，只简单地思考如何做好汽车的"身体"是不够的，无人驾驶向传统车企提出了做更好的汽车"大脑"的挑战。那么未来引领整个行业的技术必然是如何做好"软实力"的方面，而非传统的硬件。例如上汽集团，早在2015年，就已经成立智能驾驶部门和车联网与云部门来专门攻克相关技术难题，以便在未来的变革之中抢占先机。

（2）对于核心竞争力的思考：从掌握核心发动机技术到生态圈的共赢

众所周知，汽车的心脏就是发动机，如何做出更好的发动机也成为了过去百年中汽车行业的核心，往往拥有更先进的发动机技术的企业才能够获得市场的认可。但是在无人驾驶与无人车到来的时代里，发动机已经不再那么重要，反而无人驾驶将车企推向了互联网的"生态"之中，汽车在未来将会如手机一样承担着越来越多的功能。那么能否成功围绕着汽车打造整个生态体系才是成功的关键。

（3）对于产品及服务转变的思考：从传统的汽车销售往出行服务的转变

网约车与共享汽车的商业模式在国内掀起巨浪之后，对传统汽车企业的商业模式也提出了巨大的挑战。传统车企也不断布局，上汽集团推出EVCard（环球车享）分时租赁平台（图5.3），以及享道出行网约车平台，首汽集团推出首汽约车、首汽租车平台，国际性的巨头企业例如宝马也在中国成都推出高端网约车服务ReachNow等（图5.4）。这一系列动作都标志着无人驾驶给传统汽车企业带来的商业模式的变革。

图5.3　上汽EVCard分时租赁平台　　　　图5.4　宝马高端网约车服务ReachNow

当然，无人驾驶不仅能带动与其相关的内部部门快速升级迭代，也会对其他部门甚至公司整体提出更高的要求。无人驾驶所产生的新职能需求，如数据安全，车联网等相关部门将会成为未来的主要核心，整个集团的架构也因此必然发生调整。例如：戴姆勒集团在2018年7月，将执行多年的五大事业部组织架构重组为三家独立的新公司，即梅赛德斯-奔驰（Mercedes-Benz AG）、戴姆勒卡车（Daimler Truck AG）和戴姆勒移动出行（Daimler Mobility AG），通过集团架构调整，将移动出行提至与传统汽车制造同样重要的地位。

5.2.3　无人驾驶打造全新产业生态　　　本节阅读难度：★★

根据哈佛商业评论，未来的企业核心竞争力极有可能从传统的单一维度上的竞争（产品、服务、价格等）往生态合作能力上转移。

以竞争优势和生态优势为两个维度，可以勾画出不同企业的优势图谱（图5.5）。根据企业在图谱中的不同位置，可以区分为"熊猫""猛虎""蚁群""狼群"这四种类型。

由图5.5中可见，未来的企业一定是类似"狼群"一样的企业，既有竞争优势，又有生态优势。相信未来无人驾驶的生态一定是类似"狼群"的生态。单打独斗的时代已经过去，未来企业致胜

图5.5　企业优势图谱

的因素除了修炼好自身的内功,也需要和生态圈的玩家一起配合,合力形成竞争优势来抢占市场。

在生态圈这个课题上,传统的主机厂或供应商已经开始早早布局,因为生态圈的搭建往往是传统玩家的弱项。

汽车行业的产业链本就"长而复杂",而无人驾驶的落地不仅对于产业链上的玩家提出了合作层面的更高要求,与传统产业链外的玩家的合作也必不可少。

从图5.6中可以清晰看到,在无人驾驶这个大熔炉里,不仅有传统的汽车制造商,如奥迪、奔驰、福特等;还有"举足轻重"的半导体企业,如恩智浦、英特尔、英飞凌等。传统的内燃机汽车控制是由车身上各种不同类型的ECU所完成的,例如,发动机燃油喷射由发动机所处的"域"里的ECU完成,车内座椅的调整,由座椅所处的车身ECU完成。在无人驾驶的时代,如前文所言,车载计算机是未来无人驾驶汽车的大脑,其技术水平先进程度直接影响到了无人驾驶汽车的发展水平。而计算芯片的技术核心之一就是半导体技术。这也是为什么半导体公司在无人驾驶时代会占有重要的位置。

图5.6　无人驾驶相关企业

除此之外,还有互联网巨头谷歌、百度等,也有网约车平台Uber优步、滴滴等。围绕着无人驾驶应运而生的整个产业链像极了"狼群",各个企业都有自己的竞争优势,他们在一起又通力合作,共同打造出了无人驾驶的生态优势。

最后,无人驾驶也会打破传统的供应商和主机厂之间的"甲方乙方"的供给关系,从而转为"互生共赢"的生态圈关系。传统的主机厂、供应商都需要在生态系统中找到自己合适的位置，从而与合作伙伴定义清晰各自的职责和服务范围（图5.7）。

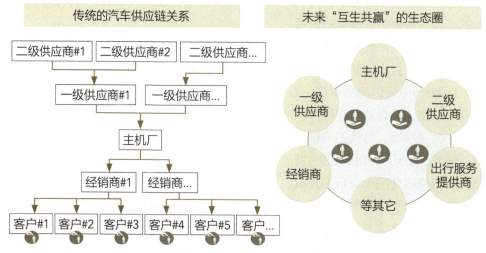

图5.7 传统的汽车供应链关系与未来的生态圈关系

基于新型的生态系统，传统的商业模式也会被打破。未来的合作伙伴极有可能是共同承担项目研发的成本，也共同获取成功商业模式下的利润。例如：2019年12月18日，滴滴与英伟达（NVIDIA）宣布达成合作，滴滴将使用NVIDIA GPU及其他技术，开发自动驾驶和云计算解决方案。滴滴将在数据中心使用NVIDIA GPU训练机器学习算法，并采用NVDIA DRIVE为其L4级自动驾驶汽车提供推理能力。而英伟达也将通过滴滴的数据进一步优化自己的产品。双方的合作可以说是实现了自动驾驶数据的互利共赢。

如图5.8所示，西蒙顾和管理咨询公司（Simon-Kucher & Partners）对未来的数据变现做出了大胆的假想。客户通过共享个人公开数据，来帮助企业改善其服务，互利互惠，实现双赢。这或许也是无人驾驶所带来的一种全新的产业生态与研发模式。

图5.8 无人驾驶未来数据变现模式假想

5.3 无人驾驶的商业模式

前文提到了无人驾驶的市场前景广阔，可以助力传统企业转型，甚至是打造汽车产业新生态的良好契机。但是，市场规模的预测最终还是要落地到最核心的"商业模式"上的，或者更确切地说，是C端（终端消费者）的商业模式上。行业玩家只有在精心设计了C端（终端消费者）的商业模式，才有可能实现行业的整体盈利，从而拉动产业链上游的繁荣发展。站在2020年的视角上来看，的确也有不少

图5.9　丰田推出的e-Palette模式

的商业案例。例如：丰田推出的"e-Palette"概念（图5.9），从根本上通过无人驾驶，把"人找货或服务"转变成了"货或服务找人"。

依据传统的"商业模式画布（Business Model Canvas）"里的定义：商业模式若要为企业创造收入，必须要包含其最核心的9大模块（图5.10）。而其中，最为关键和重要的，则是"占领"该画布核心位置的"价值主张"。这里也和人们所倡导的价值决定价格的理念不谋而合。因此若未来无人驾驶的行业模式要成立，必须找到自己独特的核心价值；同时，也要让消费者在使用中感受到该（些）价值的传递，提高其效用值和满意度。

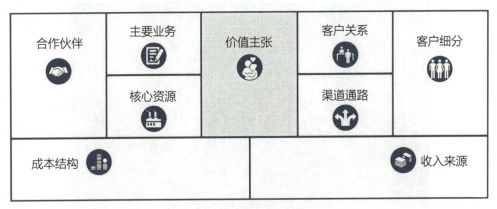

图5.10　商业模式画布

5.3.1　无人驾驶的"强本地化属性"

本节阅读难度：★

相比于传统汽车行业，无人驾驶的落地需要在技术层面上有进一层的突破。在前文谈到的高精地图、车路协同等都是技术层面上的发展路径。在全球范围内，也存在两种不同的实现路径：第一，欧美市场玩家以无人驾驶汽车为核心单元，感知周围环境，从而以车为单位实现决策的单车智能；第二，在中国市场

里，将无人驾驶汽车融入更广阔的城市交通环境中，将车与道路交通进行协同来实现决策的车路协同。以目前来看，两种实现路径均有利弊。

但是，其中有一个非常重要的结论，相信读者一定已经悟出——无人驾驶具有"强本地化属性"。

在未来，无论无人驾驶的行业玩家执行哪一种的技术路线图，都无法避免该属性。拿中国市场来举例：在前一种的技术路线图中，高精地图的数据采集、无人驾驶车辆的数据采集、道路行驶标识牌的识别、中国特殊的驾驶习惯，都会要求有较强的本地能力（图5.11）。地图采集属于国家核心资源，就连世界著名的苹果手机在进入中国市场的时候都通过与高德地图的合作来提供内置的导航服务。

另一个例子便是滴滴出行，在兼并了优步Uber中国区的业务之后，滴滴已经是出行领域毫无疑问的领军者和头部企业。在多年运营的过程中，滴滴出行积累了大量消费者相关数据和驾驶员相关数据。这些数据对于未来滴滴开展无人驾驶业务无疑是利好，这也是为什么类似于滴滴出行、优步Uber等企业早就开始积极探索在无人驾驶领域的成果了。而在第二种的技术路线图中，"强本地化属性"就更加明显了。

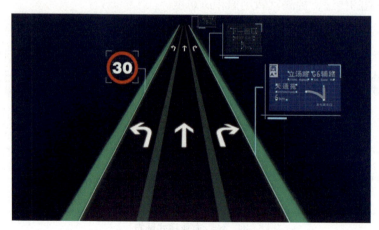

图5.11　高精地图的"强本地化属性"

因此，无人驾驶不仅对于全球汽车行业是一次革命性的转变，同时，对于中国企业更是一次机遇。换个角度思考，过去称霸全球的超大型汽车集团（例如大众Volkswagen、通用汽车General Motors）很可能在无人驾驶时代不复存在。任何想要在当地市场成功的海外企业，需要有更强的本地供应链、更快的市场反应速度，尤其是更全面的当地市场数据，长期耕耘市场才能是唯一的制胜之道。这也是英特尔（Intel）愿意花费153亿美元来收购Mobileye的主要原因之一，因为

Mobileye作为无人驾驶市场的先行者，在数据积累上较其他行业玩家来说有先发优势。

未来无人驾驶具有"强本地化属性"，主要原因来自于车辆及算法更需要与本地的道路交通、驾驶习惯吻合；同时，人工智能将更依赖于大数据的积累与市场耕耘。这对于中国市场里的本土玩家来说是一个利好消息，产业链上的中国企业应提早布局，积极应对未来的"无人驾驶"浪潮。

5.3.2 无人驾驶盈利？依然遥遥无期

本节阅读难度：★

当前业内主流的无人驾驶技术应该说达到了L2.5级的水平，也就是说介于L2和L3之间。从无人驾驶国际公认的标准来看，L2.5并不存在，这也从侧面体现了当前无人驾驶所存在的痛点之一，即越高级别的无人驾驶，车辆自动化程度越高，人类干预越少，因此车辆制造商、无人驾驶从业者更需要对人身安全负责任。最终，造成了更加严格的路测和更复杂的情景模拟，也意味着更高昂的研发费用。

当前行业内主流观点认为，完全的无人驾驶（即L5级别）的技术落地时间区间在2025年至2030年之间，大规模应用可能比该时间节点更靠后。无人驾驶作为一项创新性的技术，在从"0"到"1"的过程中，必定会经历其他类似创新技术一样的发展阶段，前期的投入必不可少。

目前行业内的玩家可大致分为两大类：传统的主机厂或供应商玩家和行业新进入者或创新企业。

前者可包括大众、通用汽车、博世等玩家；而后者可包括Waymo、滴滴出行、Mobileye等玩家。基于两类玩家不同的属性，当前的生存状态也不同。传统的行业玩家靠自身的研发能力或者收购来快速建立无人驾驶方面的技术能力，在财务层面更多依靠将企业一部分利润再投入到研发中；而行业新进入者则更多依靠外部输血，寻求资本的力量来维持公司的运营和发展。

虽然从目前来看，考核无人驾驶的盈利水平还为时过早（下一节会展开盈利所需具备的条件），但是，企业追求利润的这条黄金准则不会变化。若研发周期过长、投入过大，极可能造成企业入不敷出，无法坚持到盈利的那一天。

因此，在大规模推广无人驾驶的前提下，部分厂商已经开始探索以小规模、在封闭式场景下的无人驾驶盈利模式。这样的举措不仅缓解了厂商在研发成本方面的压力，同时，也结合了车辆测试的需求和人身安全方面的诉求，可谓是"一举三得"。

当前已经被应用的场景包括企业园区、工业园区、港口码头或者是校园。例如：在2019年上海召开的人工智能大会上，临港新片区明确指出来了未来打造人工智能创新及应用示范区的远大目标和愿景（图5.12）。

图5.12　上海临港智能网联汽车综合测试示范区

与此同时，小马智行作为国内较领先的无人驾驶创业公司，也已经于2018年在广州南沙上路了无人驾驶出租车服务。虽然目前可运行的线路较固定和有限，但也不失为一次大胆的尝试。这次尝试也引起了世界500强企业广汽集团的注意，于同年2月2日，广汽与小马智行正式签署战略合作框架协议。

当前无人驾驶仍处于技术积累及研发阶段，谈论盈利水平仍过早。但是，为了缓解公司在投入方面的经费，部分厂商已经以小规模、封闭模式为切入点，投入部分无人驾驶车辆进行商业模式和盈利模式的探索。

5.3.3　打破无人驾驶盈利"痛点"　　　　本节阅读难度：★

无人驾驶的盈利痛点主要存在于两个方面：昂贵的研发费用和成本，未被消费者感知的服务价值及效用值。正可谓是"前有堵截，后有追兵"，无人驾驶公司该如何破局？要回答这个问题，需要先逐项拆解无人驾驶的商业模式的成本和营收。

从成本端来看，无人驾驶的商业模式存在三大类成本：第一，研发成本；第二，车辆设备成本；第三，运营成本。与传统的汽车行业相比，这三大类成本不降反升，对行业玩家造成了盈利上的压力。

无人驾驶车辆的研发不仅需要传统的汽车产业链来配套，同时还需要兼顾人工智能方面的投入；而这些"软件"方面的能力又恰恰不是传统汽车制造商的强项所在。

其次，车辆设备成本不仅包括了车本身，也包含了额外的车辆感知系统，例如摄像头、雷达、或毫米波雷达等。在无人驾驶车辆测试的过程中，依据自动驾驶级别的递增，测试成本的投入也呈现指数型上升的趋势。

最后，在落地无人驾驶的过程中，运营商不可避免地需要在运营初期提供"安全员"，而"安全员"的作用则是在车辆处于极端危险的情况下，从机器的手中"夺回"车辆的控制权，从而保护乘客的安全。虽然部分国外厂商已经开始提供无"安全员"的无人驾驶服务，但是我们认为在中国特定的环境下，至少在落地初期，"安全员"是商业模式中一个必不可少的组成部分。

从营收端来看，由于受制于技术发展、配套设施、政策法规等因素，无人驾驶并没有处于大规模推广阶段。因此，消费者对于无人驾驶的价值感知仍处于比较初级的阶段。虽然尝试的意愿比较高，但是并未能激发消费者真正的需求。

对于无人驾驶如何盈利，可以参考这个理念：消费者的支付意愿与感知到的价值或者效用值直接挂钩。

举个简单的例子：对于同样一瓶瓶装矿泉水，若它存放在超市中，它能为消费者带来的效用值一定是小于在沙漠中的；换而言之，在沙漠中的消费者对于该瓶水有较高的支付意愿；或者更进一步，该瓶水的价格并不与其成本直接挂钩（当然将水运到沙漠中的成本一定是高于运到城市里的超市中）。若遵循这一条原则，那么无人驾驶的商业变现就存在转机。

最后，无人驾驶厂商应该如何来破局呢？我们认为：在成本端，行业玩家可以更多采用合作共赢、搭建生态或者众包的模式来进一步压缩成本，从而实现成本优化。同时，未来随着无人驾驶大规模落地使用，会形成一定的规模效应。该规模效应又会反向作用于研发、采购、生产成本，从而降低平均单位成本。在营收端，行业玩家若要实现破局，就一定要通过无人驾驶为消费者带来"前所未有"的差异化体验。例如：相较于传统的滴滴专车，无人驾驶出行如何提升消费者体验？这个问题的答案必定是"百花齐放"的，因为不同消费群体的需求本就不同。更舒适、更安全可针对于个人出行消费者；更准时、更便捷或车内办公可针对于商务人士；生活场景的车内在线可针对于家庭消费者等。

无人驾驶厂商必须在成本端和营收端共同发力来实现长期的商业模式盈利。成本端可考虑生态合作、众包模式，也可考虑规模效应；营收端需要有无人驾驶独有的、差异化的消费者体验，来提升其效用值和支付意愿。

第 6 章

无人驾驶的挑战和未来

（2022—2030年）

本章知识点

主要挑战、智慧城市、未来展望

无人驾驶是人类发展历史上的又一次技术革新，机遇与挑战并存。从产业角度来看，无人驾驶也是当下汽车行业信息化、网联化的产物。无人驾驶的概念理解起来并不困难。若相比于传统的汽车驾驶，需要三个要素：感知、决策和执行。在传统汽车领域，感知可能是由眼睛、耳朵等感官器官完成；决策是由人类的大脑完成；而执行是由人类的手和脚协同完成。无人驾驶和传统有人驾驶一样，也严格遵守了这三大要素，只不过这三大要素分别由摄像头或雷达、人工智能和执行器代替了（图6.1）。

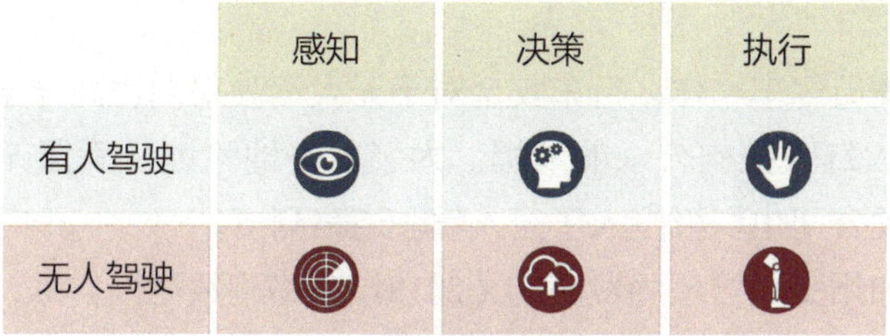

图6.1　无人驾驶与有人驾驶

那么是不是无人驾驶就是一蹴而就或者水到渠成的呢？我们并不这么认为。无人驾驶的落地，至少能部分或完全取代现有出行模型的话，不仅需要考虑合适的商业模式，更需要考虑当前一些行业棘手问题。例如：驾驶安全问题、道德伦理问题、车险与定责问题等。其次，无人驾驶也会重塑产业链，对未来汽车产业提出更高的要求，尤其是在共同协作方面。最后，若无人驾驶的技术难题、先决条件能得到合理的处理和解决的话，未来一定是"性感"的。

无人驾驶不仅可以在消费者层面解放双手，提升效率；同时，也能在城市治理方面提出新的思路，合理避免交通拥堵或者停车难问题，提升出行效率。本书将在之后的内容里，一步一步地为读者揭开无人驾驶的神秘面纱。

6.1　无人驾驶，挑战无处不在

6.1.1　事故频发，无人驾驶真的安全吗？　　　　本节阅读难度：★

对过去交通事故的起因进行归纳分析，可以总结为人、车和路三个因素。人的原因包括驾驶员违章驾驶、疲劳驾驶、酒后驾驶、药物影响等，车的原因可以理解为车辆故障等，路的原因则和路况有关。研究发现，在这三类因素中，人的因素是造成交通事故的主要原因，见表6.1。

表6.1　交通事故起因归纳

事故起因分类	事故率
人的原因	95.3%
车的原因	4.6%
路的原因	0.1%

为了减少由于人为因素造成的交通事故数量，无人驾驶应运而生。无人驾驶通过机器的感应、学习和动力系统的联动，实现在没有人类驾驶员干预下的汽车自动行驶。

和人类驾驶员驾车一样，行车安全对于无人驾驶来说也同样至关重要，甚至可以说是将无人驾驶推向公众的前提。为了更好地验证及确保无人驾驶的安全性，各无人驾驶公司也积极投入了无人驾驶道路测试。

根据美国加州交通管理局发布的《2018年度路测数据报告》，提交报告的48家公司一共投放了496辆无人驾驶汽车，行驶里程3 258 074公里。其中，以谷歌公司Alphabet旗下的无人驾驶子公司Waymo遥遥领先，投放了111辆无人驾驶汽车，行驶里程为2 304 539公里。而在大洋彼岸的中国，根据《北京市无人驾驶车辆道路测试2018年度工作报告》，提交数据的8家无人驾驶汽车企业共计投放了56辆无人驾驶汽车，实现了153 565公里的无人驾驶里程测试。

那么结果呢？无人驾驶真的比有人驾驶安全吗？研究表明：无人驾驶每400万英里发生一次事故，人类司机驾驶每50万英里就有一次事故，所以理论上无人驾驶比人类驾驶更安全。但是，当前的无人驾驶技术还没有达到其理论设计的初衷，无人驾驶的发展历程中存在着重重的阻碍。

2018年3月，优步Uber的无人驾驶汽车在亚利桑那州坦佩市进行测试时发生了一起车祸，一位女性被撞倒并丧生（图6.2）。而根据美国国家交通安全委员会公布的调查文件，在2016年9月至2018年3月之间，优步Uber的无人驾驶汽车共发生了37起碰撞事故。

图6.2　优步Uber的无人驾驶汽车车祸

同年同月，另一家以无人驾驶而闻名的汽车公司特斯拉也有同样的挑战。一辆特斯拉Model X SUV的车主由于使用特斯拉的无人驾驶系统而发生撞车事故，导致车主丧生。

前路漫漫，无人驾驶是一场技术变革，虽然目前技术上还没有完全实现安全的无人驾驶，但是无人驾驶的横空出世无疑是一场人类技术里程上的一次进步。

6.1.2　无人驾驶的隐私和数据，黑客就在你我身边　　本节阅读难度：★

如何提升无人驾驶的安全性呢？一般可以从三方面入手。第一，提升硬件，使其更精确；第二，提升算法，使其更及时；第三，提升数据获取能力，使其更丰富。

硬件的提升可以通过研发人员的努力和实验，制造企业设备的升级。算法则不仅需要工程师不断地改进，更需要获取更多的数据来完善模型的精确程度。任何一个算法都需要前期投入大量的数据以训练模型的准确程度，所以，提升数据获取能力至关重要。将机器学习的过程分为三个步骤：确定模型—训练模型—使用模型，要想获得良好的使用效果，模型的训练必不可少，就像人类成长过程中的幼儿和青少年时期的教育。

回到无人驾驶的机器学习，要想让无人驾驶汽车高效地运行，并为乘客提供一种令人愉悦、没有任何烦恼的体验，它们必须获得大量数据，并允许访问精密传感器，需要了解环境和消费者的数据。这些数据都是什么数据呢？当使用无人驾驶功能的时候，汽车需要实时的精确的地理定位数据；当把手机连接到无人驾驶时，里面的通信数据也同时囊括进去了；等等。

但是，这些数据无疑是敏感数据，是消费者的隐私数据。这些数据如果不进行加密并进行隐私保护，一旦落入不法分子手中，或者被用于商业以及各种营销，那么无人驾驶所带来的便利和安全将是以牺牲消费者隐私为代价获取的。除了消费者的隐私需要保护，消费者的行车安全更需要着重保护。无人驾驶的网络如果出现漏洞，黑客入侵无人驾驶汽车系统，那就不仅是消费者数据隐私泄露的问题，甚至有可能无人驾驶汽车被不法分子操控，沦为杀人武器，其危害性不可小觑。

那么，无人驾驶汽车的系统会被黑客攻击吗？有可能！原则上，任何计算机系统都存在一个黑客可能入侵的接口。2016年9月，腾讯安全工作室向外界透露通过远程无物理接触的方式成功入侵特斯拉汽车的全过程。再早一点，两名黑客查理米勒和克里斯远程攻破了切诺基的Uconnect车载系统导致上百万辆车召回。

随着5G时代的到来，黑客可能还能扩展攻击范围，除了车载网络，更多无人驾驶汽车的零部件和系统在与外部网络连接时都会面临被攻击的危险，下一场由5G和物联网引领的无线革命将使得黑客攻击的风险更大。无人驾驶汽车的网络安全问题是整个行业都需要高度重视并且同心协力去攻克的问题。

6.1.3　无人驾驶交通事故，责任如何归属　　本节阅读难度：★

虽然理论情况下，无人驾驶的交通事故发生率极低，但是如果发生了无人驾驶交通事故，责任应该如何界定呢？目前还没有明确的交通法规对无人驾驶的责任进行明确的划分规定。

拿前文提到的优步Uber无人驾驶汽车于2018年3月撞到行人并致死的案例来讲，根据美国国家运输安全委员会（NTSB）的调查结果，其实激光雷达在事故发生前6秒就发现了行人，不过无人驾驶系统没有正确识别，判定为"不明物体"而没有采取刹车动作；而为保险起见作为"备份"的安全驾驶员事发前几秒注意力不集中，在事故前1秒才介入方向盘，事故后1秒才介入刹车；而该次事故中的死者在事故后检查大麻呈阳性，穿过马路时也没有观察行驶车辆。那么，责任到底在谁身上？最终判定结果还没出来，但是这一案例给无人驾驶交通事故的责任归属敲了一记警钟。

传统的交规对于交通事故的责任判断已经非常成熟，对于机动车与机动车之间的事故，由责任一方承担责任；机动车和非机动车、行人之间的事故，由机动车承担，除非有证据表明非机动车、行人违反交通法规。机动车的责任主体是驾驶员本人。那么，如果机动车是无人驾驶汽车呢，谁是责任主体呢？

举例来说，上述优步Uber无人驾驶汽车的交通事故，如果是完全由人类驾驶的汽车，人类驾驶员应该承担责任。但是由于此次的交通事故的主要原因是无人驾驶系统没有正确识别出行人，因此未采取刹车措施，理论上来说，无人驾驶汽车应该承担主要责任。但是谁是责任主体呢？是无人驾驶系统开发商还是激光雷达制造商呢？更进一步探讨上面的例子，当时有人类驾驶员在车内，事发时由于人类驾驶员注意力不集中，未及早进行人工介入，人类驾驶员是否也需要承担责任呢？

此种责任界定不分明的案例还有很多。例如：一名特斯拉的车主在高速上使用无人驾驶功能，由于无人驾驶系统未能识别前面的清扫车而追尾清扫车，导致车主身亡。而该名车主在事发前还非常轻松地唱歌，将自己的生命安全交给特斯拉，最终惨剧发生。事发前照片见图6.3。

如果是人类驾驶员，由于未能及时刹车而导致追尾，人类驾驶员负主要责任。而在该案例中，人类驾驶员由于信任特斯拉无人驾驶系统，而无人驾驶系统因为没能识别清扫车的闪烁灯，当天由于天气较灰，闪烁灯和天空颜色相似，以至于摄像头未能识别。那么这种情况到底是人类驾驶员的责任，还是特斯拉的责任，还是特斯拉摄像头供应商的

图6.3　特斯拉事故发生前

责任？事后，特斯拉将其无人驾驶系统的中文名称修改为无人驾驶辅助系统，以强调该系统的"辅助"作用。

由于无人驾驶还处于测试阶段，尚未进入全面的商业化时代，因此，目前也没有针对无人驾驶汽车的交通法规。而随着无人驾驶自动化程度的增加，无人驾驶的交通事故责任逐步地从驾驶员身上转移至汽车制造商身上，而汽车制造商又涉及到主机厂、配件供应商、算法开发方等一系列产业链的玩家。因此，要想全面推广无人驾驶，明确的法律法规以及责任认定是前提，而这需要立法机构、交通部门、主机厂、汽车硬件供应商、软件供应商以及汽车保险公司的通力协作，来"安全地"落实无人驾驶。

6.1.4 无人驾驶重塑车险行业

本节阅读难度：★★

未来无人驾驶汽车不仅"颠覆"汽车行业里的玩家，也对产业链上的玩家提出了新的挑战，其中，受到影响比较大的就是车险行业。而车险行业所面临的挑战，主要来自于之前提到的两个痛点：数据和定责。

（1）数据

在**数据**方面，有两个关键问题需要解决。

① 数据可得性的问题。即未来当无人驾驶逐步发展，汽车行驶相关的数据是否仍然可得。车险行业目前正在使用前装的T-box或者后装的OBD盒子来记录获取行驶过程中的信息，用于保险的责任判定以及提供UBI（Usage-based insurance）的保险（如图6.4）。而在未来无人驾驶的情况下，因为汽车完全由算法掌控行驶，所以数据安全性就有了非常高的要求。届时T-box或者OBD盒子是否还会被使用、保险公司是否还可以获得相关数据，以及应该用何种方式采集数据都是车险行业需要考虑的重点问题。

② 数据完备性的问题。即面对未来的无人驾驶，车险行业目前并没有特别完备的数据来进行保险产品的研究和开发。

图6.4 **保险费率因子**

该问题表现在：一数据不完整，汽车与保险数据繁多，各类数据来源分布散乱、数据共通性差，且部分领域数据空白、数据缺失现象屡见不鲜；二数据不规范，数据自身标准不一、数据规范性差，各行业、企业在数据名称、数据分类、数据内容、数据处理方式、呈现形式等方面标准各有不同，缺失明确的数据规范。而在这两个问题的解决过程中，又有数据共享成果利益分配不均，缺乏数据共建动力的问题。因此数据完备性的问题也将是车险行业需要关注并解决的问题。

（2）定责

在**定责**方面，有两个关键的变化需要车险行业去适应。

① 责任归属方的变化，由无人驾驶的应用引起。在有人驾驶的情况下，多数事故的发生都是由人为因素导致的，如超速、醉驾、疲劳驾驶等。这时事故的责任就主要在于驾驶员；而当无人驾驶开始发展并逐渐应用时，无人驾驶系统逐渐替代驾驶员，这时责任的归属方就逐渐变成了无人驾驶系统的开发者。这就要求车险行业对责任归属方的变化进行适应。

② 未来可能会产生面对B端客户的保险产品。随着无人驾驶系统的开发者逐渐变成车险的责任归属方和买方，未来可能会产生面对B端客户的保险产品。如沃尔沃汽车集团全球高级副总裁、沃尔沃汽车亚太区总裁兼CEO袁小林就在2019第十七届中国汽车产业论坛上表示沃尔沃会承担无人驾驶的事故责任。而车险公司想要成功适应无人驾驶时代，就需要针对客户类型的改变调整自己的业务类型与流程，并增强服务B端客户的能力。

在任何时候，挑战与机遇都是并存的，对车险行业而言也是这样。无人驾驶在带来巨大挑战的同时，也带来了许多机遇。可以看到车险行业有着很强的适应性，如前文提到的利用车联网技术开发UBI保险产品根据驾驶情况进行收费。相信车险行业只要抓住无人驾驶带来的产业变革，在紧跟行业趋势的基础上，有前瞻性地解决数据可得性与完备性的问题，并适应责任归属方和产品形态的变化，就可以成功抓住无人驾驶带来的机遇。比如与滴滴这类出行服务公司合作解决数据问题，或合作推出保险产品等。

6.1.5 危急关头，该牺牲谁？

本节阅读难度：★★

无人驾驶在全面应用之前，除了需要克服技术难点，还需要克服不得不面对的伦理困境。而这显然是一个非常难以解决的问题。

伦理困境主要出现在事故即将发生，难以完美避免的情况下。在这种情况下一些问题是比较好回答的，例如，在事故不可避免的情况下，是牺牲人还是损坏财物，是牺牲人还是牺牲其他动物。在这些时候根据一般道德都会选择保护人而牺牲其他选项。但当问题变成了在不同人类个体之间进行选择的时候，就变得难以简单给出答案了。

例如，当发生意外的时候，是应该优先保护车主，还是为了保护路人而牺牲车主。如果要选择保护车主的话，是选择牺牲老年人还是牺牲青年人，是选择牺牲乞丐还是科学家，是选择牺牲一条路上的5个行人，还是选择牺牲另一条路上的1个行人（与图6.5的经典"电车难题"类似）。原来这些问题之所以不是伦理难题，是因为假设的驾驶者是人，是有自由意志并可以承担后果的。但是如果驾车的是无人驾驶系统，就没有一个可以对自己行为承担后果的具体的人了。这时如果需要让该系统做出决定，便需要有一套提前制定好的标准让该系统遵循。而这个标准的制定便成了人类的伦理困境。

图6.5　电车难题

面对这样的伦理困境，很难制定统一的标准，因为这就相当于将道德法律化，并强制执行在所有使用无人驾驶服务的用户身上。而目前很多解决方案，或多或少地有一些问题。

有的公司提出的解决方法是：通过机器大数据被动学习，来"学习"人类的决策过程。在这个思路下，如何教育机器进行该类的选择，就变成了另一个难题。进行教育的大数据样本怎么选择，如何保证这些样本的道德选择适用于所有情况，这些问题本就是另一个伦理困境，难以被简单回答。

而有的公司则建议车主在购买汽车的时候，把自己的伦理输入到机器的初始设置里。目前看来这确实是可行度较高的方法，但这个方法也会带来许多问题。例如对于司机来说，选择在任何情况下优先自保，是否需要承担对应的责任呢？选择不同的偏好所导致不同的后果，自己承担的责任有没有变化呢？如果汽车为了躲避1%导致司机死亡的紧急状况选择冲向100%导致10位行人死亡的路线，司机应该为自己的选择承担额外的刑事民事责任吗？这其中的概率大小对应的权衡，是否也应该交给用户自己确定呢？在这些问题被很好地解决之前，这个方法就不算是解决伦理困境的成熟方法。

伦理困境是在无人驾驶技术全面应用前不得不解决的问题，但显然在短时间内还很难解决这个问题。目前能做的，就是尽量避免此类情况的发生，尽量不要让机器去做出此类残酷的抉择。

6.1.6 蛋糕如何瓜分，无人驾驶商业模式的界定

本节阅读难度：★

在探讨了无人驾驶在安全、数据、伦理道德等方面的议题之后，接下来探讨无人驾驶的商业模式的界定。如前面5.3节所述，商业模式的核心包括9大模块，其中最核心的是价值主张，行业里的各个玩家都需要为其客户或者消费者创造价值才能实现盈利。只有能被客户或者消费者感知到其产品和服务的价值，该产品和服务才能为企业带来可持续性的盈利，商业模式才能成立，企业才能生存。

从整个汽车产业链来看，在传统的汽车行业中，整车厂作为行业的话语权主导者，掌握汽车生产制造的利润，不同级别供应商的话语权逐渐递减。汽车经销商作为销售者，拥有汽车销售的价差，并且从汽车保养服务中获利。

而在无人驾驶汽车领域，行业格局被打乱，更多的玩家进入，且话语权从整车厂逐渐转移。目前，无人驾驶汽车分为两个阵营，一个是以科技公司为代表的越级式阵营，一个是以传统汽车厂商为代表的递进式阵营，如图6.6所示。

图6.6 无人驾驶两大阵营

在越级式阵营里，科技公司无疑通过算法掌握主导权，但是供应商的地位也举足轻重，尤其是激光雷达的供应商。而不管是哪个阵营，高精度的传感器供应商、地图供应商、算法提供商都将在新的生态里获得更多的话语权。一言以蔽之，产品和服务具有更高感知价值的玩家将获得更多的话语权。传统供应商如果想获得更多的利润，就必须在核心硬件的研发制造以及核心算法的更新迭代里进行发力。

具体到生态里的各参与者，无人驾驶也带来了额外的机遇。对于车企来说，不仅可以进行传统的销售汽车业务，还可以拓展更多的业务可能性，如：提供无人驾驶出租车队、共享汽车等。根据特斯拉的2019年财报会议电话记录，埃隆·马斯克提出，在推出无人驾驶出租车车队之前，特斯拉会先实现共享汽车

（Car-sharing），并且可能会先尝试机场附近区域。笔者认为，通过提供共享汽车的服务，特斯拉可以获得大量的消费者数据，通过这些数据，特斯拉可以为消费者提供更精准的服务，从而提升企业的营收能力。

放眼未来，无人驾驶所带来的商业机遇不是一个"零和游戏"。行业参与者应该更积极地布局无人出行生态，从而提高消费者对无人驾驶的感知价值，做大整个行业的蛋糕。

6.1.7 无人驾驶，期待而又迷茫的消费者

本节阅读难度：★

当前消费者对无人驾驶又是什么态度呢？

根据一份针对来自全球不同地区的10个国家的5500位消费者的调查，近60%的受访者表示愿意使用全自动无人驾驶汽车出行，而以中国为代表的新兴经济体对无人驾驶汽车接受程度最高，美国和英国各为50%，日本和德国的接受程度最低。中国对无人驾驶的接受程度又在所有国家中排列最高，75%的中国受访者愿意尝试无人驾驶汽车。

但是，目前消费者又是迷茫的。早在2017年美国消费电子展，市场对无人驾驶的期待就是2020年将是无人驾驶商业化的元年。然而元年已到，服务未如期而至，当前市面上并没有任何玩家推出真正的商业化无人驾驶服务。

当然，大家也看到无人驾驶公司为无人驾驶商业化做出了不少的努力。比如，Waymo在凤凰城提供的无人驾驶打车服务。截至2019年5月，Waymo花了6个月的时间，终于达到了载客1000人的里程碑。同时，在中国广州，小马智行（图6.7）和文远知行也在局部区域，推出了定点的无人出行服务。

图6.7 小马智行推出无人驾驶叫车App

无人驾驶不仅对于行业玩家是一个挑战，对于消费者来说也是新鲜的事物。例如：消费者要习惯未来自己的车会被机器来控制；同时，消费者也要完全改变自身的驾驶习惯。这些对于消费者大众来说，都是学习成本。无人驾驶服务提供方如何正确地引导消费者的使用习惯，改变消费者的思维，是无人驾驶服务商业推广的另一个重要的需要考虑的问题。

目前从行业的共识来说，无人驾驶还是有未来的，消费者的接受意愿较高。我们也真诚地希望，无人驾驶行业玩家能拨云见日，赶走消费者头顶的乌云，从而真正通过无人驾驶为消费者创造价值。正像来自凤凰城的31岁的阿德里安·蒙

诺兹,一位Waymo无人驾驶出行服务的乘客,所期待的一样:"在乘车的时候,车内驾驶位上总会有安全员,有的时候还会有两个安全员,另外一名坐在副驾驶位上。我很希望能够迎来车内没有安全员的那一天。那样就太酷了!"

6.2 畅想未来,无人驾驶汽车与智慧城市的共舞

本节阅读难度:★

畅想未来,过去在科幻片里看到的城市出行,无人驾驶的空中的士(图6.8),未来可能真的能实现。过去的几年间,我国近三百个城市开展了智慧城市试点,而无人驾驶作为智慧城市的重要环节,有政策利好的推动,政府相继出台

图6.8　电影《第五元素》剧照

的《中国制造2025》《新一代人工智能发展规划》等都能起到推动无人驾驶的作用。

未来无人驾驶的实现,一定是存在于以下三种连接方式:人和车、车和车、车和城市。其中车和城市的连接,指的就是智慧城市。无人驾驶汽车集成了人工智能、物联网技术、集成电路技术、通信技术以及云计算能力,是智慧城市的缩影。

无人驾驶汽车在和城市的连接中,可以缓解交通问题。例如:城市的红绿灯可以根据某个方向上来往车辆的数量进行优化和调配,从而从更细致的层面上提升城市交通效率;反向来说,智慧城市也可以根据道路拥堵情况,把第一手信息实时传送给无人驾驶汽车,从而使得汽车能合理地、实时地规划路线,达到最有效的出行方案。此外,理论上来讲,无人驾驶和人类驾驶相比,无人驾驶不会违反交规,可以在一定程度上缓解交通问题,也能带来更高的行车安全。

当然,无人驾驶在智慧城市里,还可以给消费者带来更多的便利。无人驾驶除了可以解放人类驾驶员,使其免于束缚在驾驶过程里,还可以通过汽车共享或者无人驾驶出租车等方案,解决世界上大多数大型和超大型城市里另一个治理难题——停车位。有了无人驾驶汽车,汽车将不必停在停车场里,而是可以去服务有出行需求的人。试想一下:未来用户可以不用每天开车去办公楼并将车停在办公楼下一整天,只需要提早一段时间,从较远的停车场呼叫一辆无人驾驶汽车来

接驳自己的上下班出行。这不仅能给消费者带来便利,也能最大化利用整个社会的资源。这样的出行未来是不是很美好呢?

6.3 汽车有人到无人,人工智能会取代人类吗?

本节阅读难度:★

在畅想未来无人驾驶和其他人工智能应用为人们的生活带来方便的同时,很多人也非常担心人工智能的高速发展会让人工智能发展出自我意识,并发展出与人类敌对的想法,进而对人类社会产生巨大的影响甚至毁灭性的打击。

很多优秀的影视作品也都是以人工智能反抗人类为题材的,耳熟能详的作品包括终结者系列、黑客帝国系列、《我,机器人》等。那么人工智能到底会不会取代人类,从而成为未来的主宰?

从现阶段人工智能的发展情况来看,显然这个问题是不需要担心的,主要原因如下。

(1)人工智能目标单一

从无人驾驶概念的提出,到近些年的快速发展,可以看到的是一项基于人工智能的技术逐渐地开始方便人类。而和无人驾驶一样,现阶段的人工智能多数都是用于协助人类完成单一目标的。显然只要人工智能的目标还由程序员设定,就永远不需要担心人工智能会对人类不利或完全取代人类。

(2)人工智能没有世界观

人类有一个非常稳固的世界观、世界模型来作为一切知识的背景。比如当其向前行走时,视网膜上接收到的所有视觉信息都是碎片的、不停移动的,那是因为眼球在连续不停地收集各种信息,但人又会感到自己走在一个连续的物理空间里,眼前是深度的三维图像,这就是大脑对信息的自行处理。人会用世界模型去指导眼睛,这种能力对人类而言很基本,但目前人工智能却完全不具备。在可预见的未来,人工智能也难以靠深度学习、大数据建立起这种世界模型。无法拥有完整世界观的人工智能是很难完全取代人类的。

(3)人工智能没有自主性

人类是拥有完全的自主性的,知道自己是一个独立的个体,可以为自己做决定,获得自己的自主感和满足感。而人工智能目前还没有自我意识,更没有独立的个体概念,也没有强大的与生存相关的人际互动需要。在可预见的未来也很难产生上述的这些特性。没有自主性的人工智能是缺少自主需求的,这样的人工智能不存在完全取代人类的可能。

目标单一、缺少世界观和自主性的人工智能显然是不可能完全替代人类的。但在一些程序化、可被大规模复制的工作上,人工智能可以利用其快速学习的能力和极高的效率帮助人类创造更多的价值,进一步解放人类的生产力并提高生产效率。在这个角度上,人工智能的发展对于人类社会是有积极影响的。

当然,目前阶段的人工智能不会完全替代人类、不会对人类不利,并不意味着未来的人工智能也是如此。霍金、埃隆·马斯克、比尔·盖茨等人也都曾表达过他们对人工智能技术发展方向的担忧。而人工智能未来的发展如果以造福人类为目标,则需要尽可能地设计更多垂直领域的应用型人工智能;在需要探索通用性人工智能领域时,需要多加防备,避免出现任何不利于人类社会的人工智能应用。

6.4 智慧城市,无人驾驶的一天

本节阅读难度:★

随着无人驾驶技术的成熟以及智慧城市的逐步建设,人们日常的一天很可能会像科幻片中的未来一样方便、智能。这样的一天具体是怎么样的呢?一起来畅想一下吧。

在早饭时间,车主可以设定预计到达小区门口的时间,此时汽车就会开始预热或预冷,将温度调节至适宜,并且会结合目前路况计算准点到达小区门口所需要的时间,在对应的时间自动从地下停车场内开出到达小区门口(图6.9)。

图6.9 提前接驾

在车主进入汽车并输入目的地后,汽车便会开启无人驾驶模式选择最优道路行驶。同时车上的智能多媒体系统可以帮助车主汇报今天的主要事项以及未处理的邮件等,而这些多媒体功能也有娱乐功能,会根据车主的喜好播放音乐或影视内容(图6.10)。

到达目的地之后,车主不需要自己寻找停车位泊车,智慧城市的算法会引导汽车自行前往有车位的最近停车场并自动泊车（图6.11）。如果车主同意将自己的车接入共享出行系统，汽车便会在车主不需要使用的时间段作为共享汽车进行营业，车主也将获得对应的收益。

图6.10 乘坐时娱乐工作

一天的工作结束后，车主如果需要接家人一起回家，便不会因为下班时间差而导致家人不得不等很久才能上车。只需要输入预计可以到达上车地点的时间，汽车便会结合目前的交通情况自动计算，用怎么样的路线和接人顺序可以最小化车主和家人的等待时间。

从前回家的路上车主和家人不得不有一人专心开车，家人之间的共处时间没有被完美利用起来。而无人驾驶的应用让一起回家的路程可以被高效利用起来（图6.12），并且因为不需要驾驶员，汽车的座位已经面对面摆放，家人之间的距离也更近了。

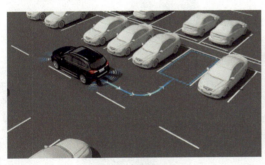

图6.11 自动泊车

图6.12 乘坐时交互

回到家之后，一家人只需要下车即可，无人驾驶系统会自动将车辆驶入停车位。如果续航里程不足需要人工操作进行充电的话，车辆会自动提醒车主需要充电，并接入智慧城市系统寻找最近的充电桩，车主只需要进行充电操作即可。

除了在一天正常情况下给车主带来的体验与效率的提升，无人驾驶在其他应用场景下也会带来很多价值。例如一家人的自驾游不会因为家庭成员轮番开车而失去游玩的精力，紧急场景下可以帮助的帮手，等等。

相信随着无人驾驶技术的逐渐发展，人们所畅想的美好生活也会随之到来。那时汽车在充当代步工具角色的同时，也作为人与信息、信息与信息之间的纽带，提升一座城市的效率。

附录：无人驾驶发展时间线及大事记

附录：无人驾驶发展时间线及大事记 211

无人驾驶的孕育：2000—2009年

无人驾驶的孕育阶段

- **2000年**
- **2004年**
- **2006年**
- **2009年**

无人驾驶的成长：2010—2015年

无人驾驶的成长阶段

- **2010年**
- **2013年**
- **2014年**

🇺🇸 "SAE自动驾驶分级标准"
无人驾驶主流产品定义参考

🇺🇸 "深度学习"
人工智能走向应用

"DSRC"
🇺🇸 "DSRC"
美国提出车联网无线通信标准

🇨🇳 "北斗启动建设"
无人驾驶汽车定位系统建设

🇨🇳 "中国智能车未来挑战赛"
无人驾驶加速在中国落地

🇺🇸 "无人车超级挑战赛"
无人驾驶走向应用

🇨🇳 "C-V2X"
中国提出车联网无线通信标准

🇺🇸 "谷歌秘密启动无人车项目"
科技巨头抢占无人驾驶高地

参考文献

[1] 中华人民共和国工业和信息化部. 2020年智能网联汽车标准化工作要点[R/OL]. （2020-04-16）[2021-02-23]. https://www.miit.gov.cn/xwdt/gxdt/sjdt/art/2020/art_b897beb96269451d88030ef62d6de613.html.

[2] 中华人民共和国科学技术部. 德国发布世界首份自动驾驶系统指导原则[EB/OL]. (2017-09-08）[2021-02-23]. http://www.most.gov.cn/gnwkjdt/201709/t20170907_134810.htm.

[3] 全国汽车标准化技术委员会. 道路车辆 先进驾驶辅助系统（ADAS）术语及定义：GB/T39263-2020[S]. 北京：中国标准出版社，2020：11.

[4] 全国汽车标准化技术委员会. 汽车驾驶自动化分级（征求意见稿）[S/OL]. （2019-08-28）[2021-02-23]. http://www.catarc.org.cn/upload/201908/28/201908281356203312.pdf.

[5] 戴琼海. 演讲实录 | 戴琼海院士《人工智能：算法·算力·交互》[EB/OL]. （2020-09-07）[2021-02-23]. https://mp.weixin.qq.com/s/t2zkc-pY7WBWHunQG_5cqQ.

[6] Jimmy. AI入门：卷积神经网络[EB/OL]. （2019-07-18）[2021-02-23]. http://www.woshipm.com/ai/2598518.html.

[7] Apollo. 车路智行:新基建，新交通[EB/OL]. [2021-02-23]. https://apollo.auto/docment/Autonomous_Driving_Connected_Road_Efficient_Mobility.pdf.

[8] 郑宇，张钧波. 一张图解AlphaGo原理及弱点[EB/OL]. （2016-03-14）[2021-02-23]. https://mp.weixin.qq.com/s?__biz=MzIxNjE3MTM5OA==&mid=402243606&idx=1&sn=f278d567179d6e5e27803a7e4abd5215&scene=23&srcid=03168TE0fF95T5pK17BZpUnr#rd.

[9] 中国通信学会. 蜂窝车联网（C-V2X）技术与产业发展态势前沿报告2020[R/OL]. （2020-12-09）[2021-02-23]. http://www.china-cic.cn/upload/202012/09/de38bbae1ea14b70b512606ecd59671c.pdf.

[10] 佚名. 国家车联网产业标准体系建设指南（总体要求）[J]. 机械工业标准化与质量，2018.

[11] 北京智能车联产业创新中心有限公司. 北京市自动驾驶车辆道路测试报告（2020年）[R/OL]. （2021-02-05）[2021-02-23]. http://www.mzone.site/Uploads/Download/2021-02-09/6021eebaccba2.pdf.